Iaidō

Roland Habersetzer

Iaidō

Die Kunst, das Schwert zu ziehen

Aus dem Französischen
von Frank Elstner

Palisander

Danksagungen

Die erste Ausgabe dieses Buches erschien im Juni 1991 im Verlag Editions Amphora (Paris). An der Darstellung der kata wirkten José Lobo und Serge Santoro mit, die zu jener Zeit aktive Mitglieder des Centre de Recherche Budo waren und denen der Autor seinen Dank ausspricht. Die Zeichnungen und Bildtafeln zu den Formen und den Techniken entstanden nach Fotografien von Thierry Rocheron und Patricia Santoro, denen hiermit ebenfalls gedankt sei.
Die vorliegende Ausgabe, die auf der französischen Neuausgabe von 2009 basiert, wurde vollständig überarbeitet und um einige Abschnitte erweitert. Dies betrifft insbesondere die Beschreibungen der kata, welche zudem um zwei Formen, die seit 2001 offiziell zum Zen Nippon Kendō Renmei Iai zählen, erweitert werden konnten. Hierfür dankt der Autor Jean-Pierre Raick, 7. Dan Zen Nippon Kendō Renmei, dem technischen Direktor der Europäischen Kendō-Föderation, der Dachorganisation für kendō, iaidō und jōdō in Europa.

Deutsche Erstausgabe
4. Auflage 2023
Titel der Originalausgaben:
Découvrir le Iaido

Iaido. L'art de tirer le sabre

Deutsch von Frank Elstner

Umschlaggestaltung: Anja Elstner
Lektorat: Palisander Verlag
Redaktion & Layout: Palisander Verlag
Druck- und Bindearbeiten: Jelgavas tipogrāfija SIA
Printed in Latvia
ISBN 978-3-938305-59-1

www.palisander-verlag.de

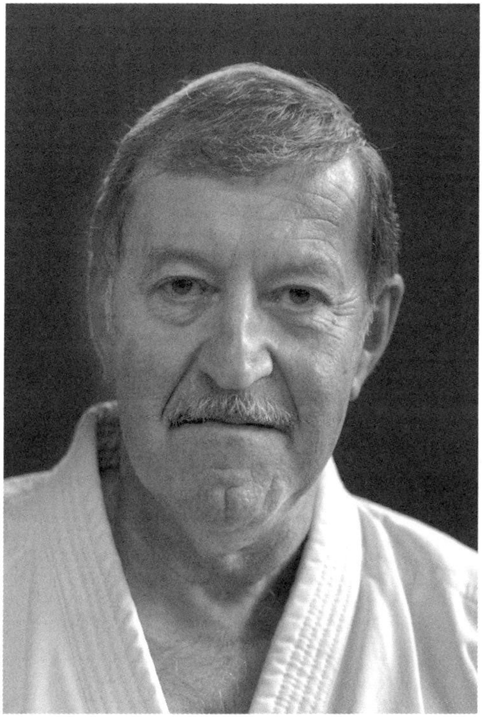

Hanshi Roland Habersetzer

Roland Habersetzer
Centre de Recherche Budo – Institut Tengu (CRB-IT)
7b, rue du Looch
67530 Saint-Nabor (Frankreich)
www.tengu.fr

Deutsche CRB-IT Website:
www.wslang.de/karatecrb/

Der Autor

Sensei Roland Habersetzer, Jahrgang 1942, seit 1974 Leiter des von ihm gegründeten »Centre de Recherche Budo – Institut Tengu« (Budō Kenkyukai – Tengu Gakuin) begann 1957 die Kampfkünste zu erlernen, zunächst Judo und schon bald darauf Karate. 1961 wurde er einer der ersten französischen Schwarzgurtträger im Karate. Seither ist er mit Leidenschaft als Lehrer dieser Kampfkunst tätig.

Im Jahre 1968 erschien sein erstes populärwissenschaftliches Buch über die Kampfkünste. Heute besteht sein Werk aus nahezu 80 Büchern, was ihn zum Autor der weltweit bedeutendsten Buchreihe auf diesem Gebiet werden läßt. Seine Bücher, die zum Teil in mehrere Sprachen übersetzt worden sind, gelten in allen frankophonen Ländern als historisches, technisches und pädagogisches Standardwerk. Auch in vielen anderen Ländern besitzen sie hohes Ansehen.

Durch sein Wirken im Rahmen des CRB, durch zahlreiche Lehrgänge und Seminare auf der ganzen Welt und natürlich auch durch seine technischen Handbücher und historischen Werke leistete er echte Pionierarbeit, damit die traditionellen Werte seiner Kunst nicht verloren gehen. Zwischen 1962 und 2002 unterrichtete er in seinem Dōjō in Straßburg Karate, Kobudō und Taijiquan. Stets umfaßte sein Ausbildungskonzept sowohl die Kampftechniken als auch deren kulturellen Hintergrund. Nach wie vor ist er als Budōka sehr aktiv, auch wenn sich seine Lehrtätigkeit inzwischen auf wenige Lehrgänge und Seminare hohen Anspruchs pro Jahr beschränkt.

Nachdem er verschiedene Graduierungen in Frankreich, Japan und China erhalten hatte, wurde Roland Habersetzer im April 2006 in Japan durch O-Sensei Ogura Tsuneyoshi der Titel eines Hanshi verliehen (9. Dan des Gembuko-Dōjō) sowie der Titel eines Sōke (Meister-Gründer) für seinen eigenen Kampfkunststil »Tengu no michi« (»Weg des Tengu«) verliehen.

Parallel zu seiner Tätigkeit als Budōka verfolgt er mit seiner Schule des Tengu eine neue Forschungsrichtung auf dem Gebiet der Kampfkünste. Das Ziel besteht darin, auf Grundlage des Studiums und des praktischen Vergleichs zahlreicher Formen des Kampfes mit und ohne Waffe zu einem umfassenden Konzept der Selbstverteidigung zu gelangen, das den Gegebenheiten des heutigen Lebens gerecht wird.

Illustrationen

Alle Zeichnungen und Bildtafeln entstammen der Feder des Autors, mit Ausnahme der Zeichnungsfolge auf S. 140 bis 144, deren Abdruck mit freundlicher Genehmigung des Weinmann-Verlags, Berlin, erfolgte. Fotos auf S. 5 (Autorenfoto), S. 23, 39, 152 und 153: Roland Habersetzer. Foto auf S. 16: Budo magazine (mit freundlicher Genehmigung). Fotos auf S. 21, 38 und 60: Jean-Pierre Raick (mit freundlicher Genehmigung). Foto auf S. 49: Martial Arts International (mit freundlicher Genehmigung). Fotos auf S. 46 und 47: Eugène Crespin (mit freundlicher Genehmigung). Foto auf S. 146: Kendo-nippon (mit freundlicher Genehmigung). Foto auf S. 42: gemeinfrei. Abbildung auf S. 81: gemeinfrei.

Inhaltsverzeichnis

Indem man zieht, pariert man den Schlag des Gegners und versetzt ihm einen Hieb, in dem die ganze Seele liegt, so dass er zu Boden fallen wird.
Yoshimura Kenichi

Das Wesentliche in wenigen Worten

Plötzlich verharrt der Meister in seinem leisen, gemessenen Gang. Würdevoll und aufrecht steht er da in seinem dunklen *hakama*, mit vollkommen gleichmütigem Gesichtsausdruck. Seine linke Hand hält den Schwertgriff auf Höhe der Hüfte, die Schneide der Klinge zeigt nach oben. Dies ist der Augenblick, in dem die physische und geistige Konzentration extrem wird, fast unerträglich, der Moment, in welchem der Gegner sein eigenes Schwert schwingen wird, um sich in den Angriff zu stürzen. Die Aktion wird bis zum letztmöglichen Augenblick hinausgezögert, bis zu der nunmehr greifbar gewordenen Grenze zwischen Leben und Tod. Was nun folgt, hängt an einem seidenen Faden: Das leiseste Geräusch, die erste sichtbare Bewegung, und alles in dieser äußersten Konfrontation zweier Gegner wird zu Ende sein. Das Gesicht des Meisters gleicht noch immer einer undurchdringlichen Maske, aber die Luft scheint von dieser scharfen Konzentration zu vibrieren, zu der die Männer nur in diesem entscheidenden Moment wirklich fähig sind, in dem einer von ihnen sterben muss, damit der andere überlebt. Denn im Angesicht des Todes kann auch die kleinste Geste zu größter Bedeutung gelangen.

Plötzlich entlädt sich die angesammelte Energie. Das *ki*[1] explodiert und verschmilzt mit der Schnelligkeit des *katana*, das aus seiner Scheide fährt gleich einem kalten, bläulichen Blitz. Die Klinge schießt mit einem seidigen Geräusch durch die Luft, von hinten nach vorn und trifft den Gegner genau in dem Augenblick, in dem er dem Angriff ausweichen will. Der Meister, der seine Spannung auf solch außerordentliche Weise schlagartig losgelassen hatte, hält abrupt in seiner Bewegung inne, wobei er einen durchdringenden *kiai*[2] ausstößt. Das Schwert steht still; der Kampf ist beendet.

---

[1] *Ki*: Vitalenergie des Menschen.

[2] *Kiai*: jpn. In der Praxis des *budō* ein Kampfschrei, der in der entscheidenden Phase einer Technik ausgestoßen wird und der die Einheit von Willen und Handlung zum Ausdruck bringt. Einen *kiai* ausstoßen bedeutet, seine Energie, *ki*, gegen den Gegner zu richten. Tat-

Diese unvermittelte Rückkehr in den Zustand der Ruhe bildet den schärfsten Kontrast zur Intensität der gerade erfolgten Handlung; der Gegner liegt bereits am Boden, mit gespaltenem Schädel oder durchtrennter Kehle, möglicherweise auch mit zerschnittener Kniekehlensehne. Mit einer knappen Bewegung aus dem Handgelenk schüttelt der Meister das Blut, das die Klinge benetzt, ab und steckt das *katana* schnell, aber keineswegs hastig zurück in die Scheide. Dies geschieht mit Maßgefühl und Präzision, mit einer Bewegung, die von Kraft und Meisterschaft spricht.

Auch heute noch werden *Iaidō*-Vorführungen mit Neugierde und Bewunderung verfolgt. Der Meister, allein in einem imaginären Kampf auf Leben und Tod mit einem unsichtbaren Gegner, fasziniert den Zuschauer, denn in den Bewegungen der *kata*[3], die er ganz für sich ausführt, und selbst in seinem gelegentlichen Innehalten vor, bei und nach dem tödlichen Schlag, schimmert der Geist des echten *budō*[4] hindurch.

Das *iai* hat heute nicht mehr den geringsten praktischen Nutzen, denn die Techniken mit dem Schwert können keinen Zweck mehr erfüllen, nicht einmal im Sinne einer technischen Überlegenheit über einen Partner in einem sportlichen Wettkampf. Doch gerade darum ist alles an ihm so rein geblieben – der Geist, die Haltung, der Schlag, die Absichten und ihre Umsetzung. Es ist ein Kampf des Menschen gegen sich selbst. Doch der Meister des *iaidō* wird sagen, es ist ein anderes Selbst, gegen das der Schlag geführt wird. Und ebenso wie auf verschiedenen spirituellen Wegen, so beispielsweise im Zen, wird der Meister seinen Schüler lehren, das besitzergreifende »Ego« aufzugeben, den Teil des Selbst, der einen hemmt und einem Illusionen vorgaukelt. In den Techniken des *iaidō* wird auf alles Überflüssi-

sächlich kann ein *kiai* auch lautlos sein (*kensei*). In der Regel handelt es sich jedoch um einen im Bauch (*hara*) gebildeten Laut. Der *kiai* ist sowohl eine Geisteshaltung (*shin*) als auch eine Technik (*waza*, *gi*) der Stimme. Er bedeutet die Kunst, all seine physische und mentale Energie mit unerschütterlicher Entschlossenheit auf ein Objekt zu fokussieren. – Habersetzer, R. u. G.: Enzyklopädie der Kampfkünste. Chemnitz: Palisander Verlag 2019.

[3] Kata: »Form« bzw. kodifizierte Abfolge von Bewegungen.

[4] *Budō*: jpn. »Weg des Kampfes« oder »Weg des Kriegers«. Zusammengesetzt aus *bu* (kriegerisch) und *dō* (Weg). Gesamtheit der japanischen Kampfkünste, die als ethischer Weg (*dō* oder *michi*) praktiziert werden, als Weg zur Vervollkommnung des Menschen auf der Suche nach sich selbst. – Habersetzer, R. u. G.: Enzyklopädie der Kampfkünste. Chemnitz: Palisander Verlag 2019.

ge verzichtet, und auf diese Weise lehrt es seinen Adepten, das Überflüssige in sich selbst fallenzulassen.

Im Ausdruck »*iai*« findet sich der Begriff des »Seins« (*i*, von *iru*) und der Begriff der Harmonie (*ai*) in dem Sinne, dass man seinen Geist in Harmonie mit dem des Gegners bringt. Dies erinnert an die Kunst des *aikidō*. Aber im Unterschied zu diesem ist im *iaidō* die entsprechende Geisteshaltung mit der Meisterschaft im Umgang mit einer Waffe, dem Schwert der Samurai von einst – dem *katana* – verbunden. Die präzisen Bewegungen mit dieser Waffe sind nichts anderes als die Verlängerung dieser Geisteshaltung. Die Nachsilbe »*dō*«, der Weg bzw. die Suche, ist mit dem chinesischen Begriff »*dao*« identisch und weist auf die spirituelle Komponente in einer kriegerischen Praxis hin, wie dies in allen japanischen Kampfkünsten (den Künsten des *budō*) der Fall ist. Sie bezeichnet ein Endziel, das über den einfachen Gebrauch der Techniken hinausgeht. Im Lauf der Zeit ist aus dem *iai-jutsu*, der »Technik« des *iai*, das *iai-dō*, der »Weg« des *iai*, geworden. Die Kunst des *iai*, das heißt, die Kunst des Schwertziehens in einer Bewegung, in der Ziehen, Schnitt, Hieb und Stoß ineinander verschmelzen, war lange Zeit eine pure Kampftechnik. Erst später entwickelte sie sich zu dem, was es heute ist, einem inneren Weg für denjenigen, der eine Bewegung ausführt, die man nicht mehr als Kampftechnik auffassen muss.

Das echte *iaidō* kann zugleich als Technik als auch als Geisteszustand definiert werden. Und genau das ist die Ausrichtung, die ihm heutzutage gegeben wird. Wer diese Kunst ausübt, strebt durch die exakte und unveränderliche Bewegungsfolge der *kata* nach totaler Mobilisierung seiner Energie (*ki*) unter Einbeziehung seines gesamten Wesens. Und dies geschieht mit solcher Hingabe, als ginge es bei jeder einzelnen Bewegung um Leben und Tod. Im Unterschied zum *kendō*, das sich zu einem Sport entwickelt hat, gibt es im *iaidō* keinen physischen Gegner. Alles steckt in der Absicht und in der Konzentration und schließlich in der Explosion der Bewegung, die von außen gesehen ins Leere läuft. Tatsächlich wird derjenige, der die Bewegung ausführt, sie auf eine sehr intensive Weise »leben«, und die Tatsache, dass ihm kein realer Gegner gegenübersteht, ändert weder etwas an der Wahrhaftigkeit der Bewegung noch an ihrer Effektivität.

Das *iaidō* ist Erbe alter Techniken, die unter verschiedenen Namen überliefert wurden: *Saya-no-uchi*, *nuki-ai*, *nuki-uchi*, *tachi-ai*, *ri-ho*, *za-ai*, *bakken, iaijutsu, battōjutsu.* Es ist die Kunst, das Schwert zu ziehen, um möglichst aus dieser einen Bewegung heraus unverzüglich dem gegnerischen Angriff ein Ende zu setzen – unabhängig davon, ob dieser Angriff tatsächlich schon begonnen hat oder nur als geistige Absicht erkennbar war. Es ist eine Kampfkunst, die ihrem Wesen nach von rein defensivem Charakter ist. Sie ist für den eigentlichen Kampf gar nicht konzipiert, denn sobald Gegner einander mit blanken Klingen gegenüberstehen, begeben sie sich in den Bereich des *kenjutsu*, der Kunst, das Schwert außerhalb seiner Scheide zu handhaben, dem Vorgänger des *kendō*. Die Zeit für die Anwendung von Technik und Geist des *iai* ist präzise bemessen und kurz. Sobald die Klinge aus der Scheide schnellt, um im selben Stahlblitz den Schnitt auszuführen, konzentriert sich die gesamte innere Energie des Samurai, seine ganze Seele, auf die Schneide des Schwertes. Entweder es gelingt ihm, seine Bewegung zur rechten Zeit auszuführen, und er überlebt, oder es gibt einen zeitlichen Verzug zwischen seiner Absicht und ihrer Ausführung, und er stirbt. Im *iaijutsu* gibt es keine zweite Chance.

Aus der lebenswichtigen Bedeutung dieser einzigen Bewegung erwächst die Notwendigkeit einer totalen Konzentration. Die Technik des Schwertziehens in einem ganz bestimmten Augenblick, mit einer schnellen und fließenden Bewegung »schräg« zum Körper (*uchi-zuki*), wird aus einer sitzenden (*iai-hiza, iai-goshi*), einer knieenden (*seiza*) oder einer stehenden Position heraus geübt. Man trainiert sie aber auch im Gehen oder während man sich umwendet, und man berücksichtigt dabei Hindernisse, denen man ausweichen muss, um auf diese Weise ein ausgeprägtes Gespür für Abstand zu erlangen. Man muss auch lernen, das Schwert zurück in die Scheide zu stecken, mit einer sicheren und präzisen Bewegung, selbst im Dunkeln. Und all dies ohne Partner, denn der Partner existiert nur in der Vorstellung, wie stark auch immer er im Geist des Übenden präsent sein möge. Jede Technik besteht aus vier separaten Bewegungen (*sho-hatto*), die jedoch flüssig ineinander übergehen: Das Aus-der-Scheide-Ziehen (*nuki-tsuke*), der entscheidende Schnitt (*kiri-tsuke*), das Abschlagen des Blutes von der Klinge (*chiburi*) und die Rückkehr der Klinge in die Scheide (*noto*). Tatsächlich ist es gleichgültig, ob der Gegner real vorhanden ist oder nur in der Vorstellung. Das ändert nichts am Wesen der Sache. Und das ist auch der Grund, weshalb das Training des *iaidō* im Gegensatz zu dem des *kendō* ohne Partner erfolgt (*tandoku-renshu*).

Seit jeher wurde das Schwert (*ken, nippon-to, katana*) in Japan als Seele des Kriegers betrachtet. Sein Stahl wurde nach einem traditionellen Verfahren geschmiedet, das von Generation zu Generation überliefert wurde. Es verbindet den Krieger mit dem Tod und mit dem Leben. Im rein intellektuellen Verständnis sind dies gegensätzliche Konzeptionen, aber dem Samurai musste es gelingen, diese Denkweise zu überwinden, um die Gegensätze zu versöhnen, indem er zum wahren »Wissen« (*satori*) gelangt. Doch dies ist erst am Ende einer langen Ausbildung, begleitet von einer inneren Suche, die den Rahmen der simplen Technik überschreitet, zu erreichen. Auf diese Weise kam es beim reinen und harten Samurai zu einer Veränderung des Geisteszustands (*seishi-o-choetsu*), der ihn in seinem Schwert eine doppelte Zweckbestimmtheit erblicken ließ: Zunächst natürlich ging es darum, jede äußere Bedrohung seiner körperlichen Unversehrtheit zu »zerschneiden«, aber darüber hinaus ging auch darum, das »Ego zu zerschneiden«, damit ein echtes spirituelles Erwachen stattfinden konnte.

Das Schwert ziehen und mit der selben Bewegung den Schnitt ausführen – das bedeutet Einheit des Gefühls, des Willens und der Tat. Man versteht unter diesem Gesichtspunkt, wie das Schwert zum Ausgangspunkt der geistigen Entwicklung desjenigen, der sich mit ihm in solchem Maß identifizierte, werden konnte. Das *iaidō* ist somit eine der Formen des »Schmiedens des Geistes« (*seishin-tanren*), wie auch die anderen klassischen japanischen Kampfkünste, bei denen der Begriff des »*dō*« den des »*jutsu*« ersetzt hat. Es ist ein technisches Schema, durch das der Mensch einst auf dem Schlachtfeld zu überleben lernte. Und seit der Zeit, da die Feuerwaffen den Blankwaffen ihre Bedeutung genommen haben, kann der Mensch innerhalb dieses Schemas zur »Selbstverwirklichung« gelangen, indem er auf intensive Weise Bewegungen ausführt, sie »durchlebt«, die von vornherein ohne praktischen Nutzen sind.

Das ist der Grund, weshalb mehr und mehr *budōka*[5] sich dem Studium des *iaidō* zuwenden, sich ihm gänzlich widmen oder es neben einer anderen Kampfkunst praktizieren. Zunächst nur im Umfeld des

---

[5] *Budōka*: Praktizierende einer *Budō*-Kunst.

kendō bekannt, fasste es schnell Fuß in Kreisen des *aikidō*, *karatedō* und *jūdō*. Zum Preis eines langen nüchternen und stets anspruchsvollen und harten Trainings lernt der *iaidōka* die Sicherheit bzw. Genauigkeit einer Technik zu empfinden und die kunstvolle Bewegung seines Schwertes wie eine Bewegung seines Körpers wahrzunehmen. Diese neuartige Empfindung öffnet ihm eines Tages eine Tür, hinter der Erfüllung und Ausgeglichenheit auf ihn warten. Die Aktion im *iaidō* erwächst aus innerer Nüchternheit, sie erfordert den totalen Einsatz und die Kontrolle des Selbst. Damit ist das *iaidō* eine Schule des Willens und der Meisterschaft. Dies alles führt zu wachsendem Interesse bei jenen Liebhabern der Kampfkünste, die daran interessiert sind, die Botschaft des Friedens in sich aufzunehmen, die in den kriegerischen Techniken enthalten ist. Denn im *iaidō* wird aus der Klinge, die zum Zerstören geschaffen wurde, ein Instrument der Schöpfung. Zehntausende Praktizierende dieser Kunst in Japan, in Amerika und in Europa haben dies verstanden. Sie sehen im *iaidō*, wie es von den Meistern des Schwertes überliefert wurde, einen weiteren Fixpunkt einer Tradition, die es dem Menschen, der auf der Suche nach sich selbst ist, ermöglicht, alle Arten von Aggression zu überwinden, die der modernen Zivilisation entspringen.

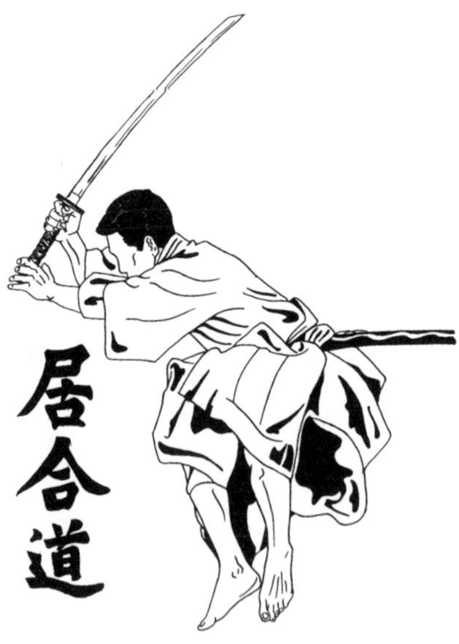

1. Kapitel

Der Geist: Ein Augenblick, der über Leben und Tod entscheidet

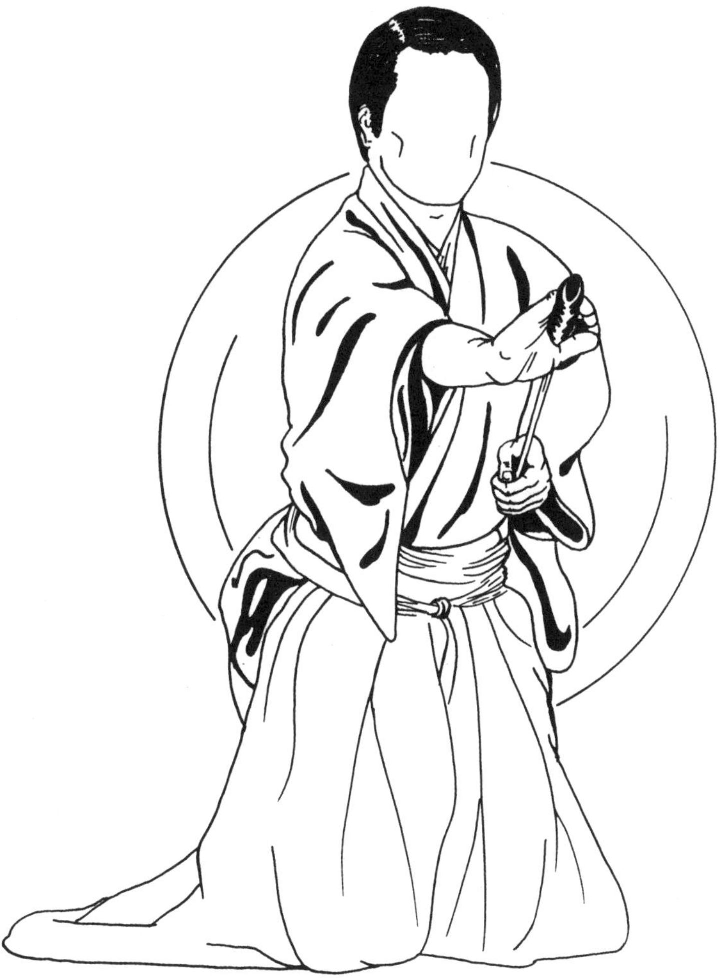

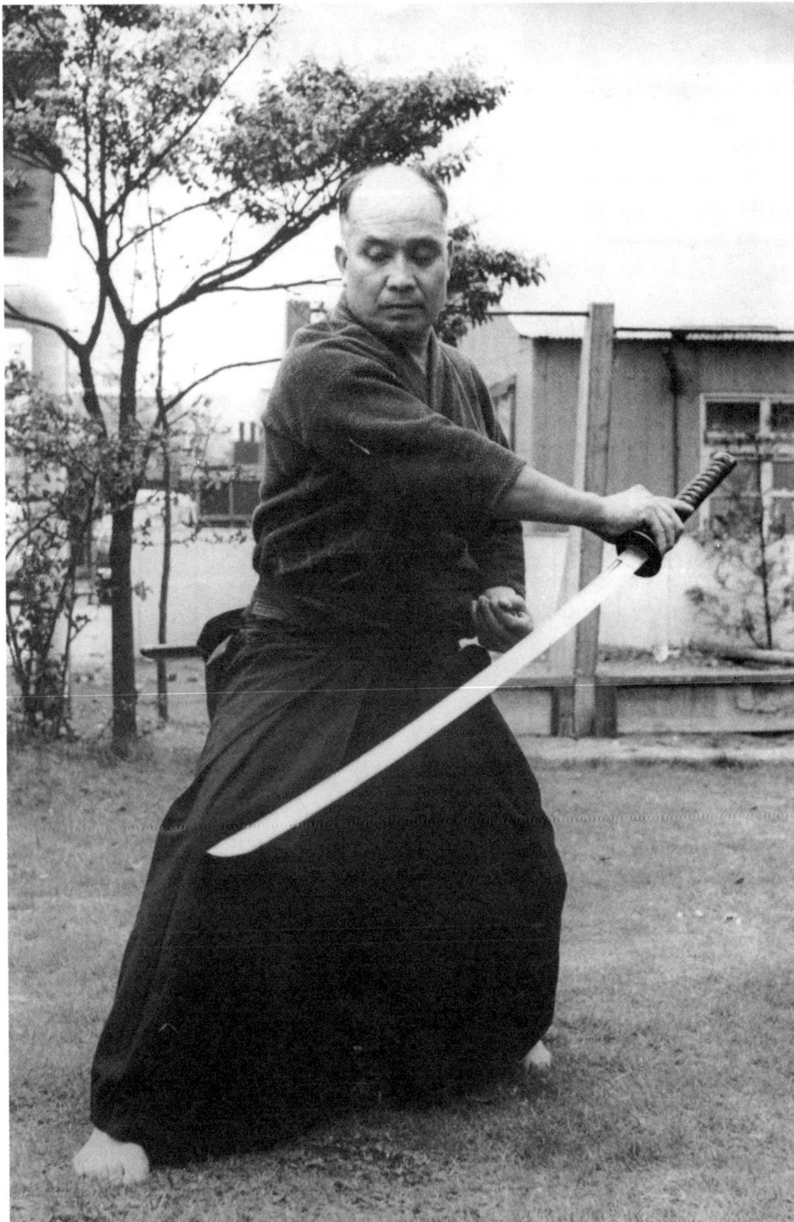

Kuroda Ichitaro *sensei*, 8. Dan, vom Ōmori-ryū.

Zuerst muss man schneiden.
Okada Morihiro

1.1. Iaijutsu: Angreifen beim Schwertziehen

1.1.1. Battōjutsu oder kenjutsu: Die ersten »Wege« des Schwerts

Die Herkunft dessen, was heute als *iaidō* bezeichnet wird, ist untrennbar mit der Geschichte des *kenjutsu*, der Technik (*jutsu*) des Schwerts (*ken*) verbunden. Die Geschichte des Weges des Schwerts ist die der japanischen Kaste der Krieger (*bushi*), insbesondere die der Samurai, der Kriegerelite. Schon früh in der japanischen Geschichte wurde das *katana* (Schwert) zur edelsten und am höchsten geschätzten Waffe des *bujutsu*, der Techniken des Krieges. Als Teil der drei kaiserlichen Insignien (*ken*, das Schwert, symbolisiert den Blitz, *kagami*, der Spiegel, symbolisiert die Sonne, und *hoseki*, die Krummjuwelen – kommaförmige Jadesteine – , stehen für den Mond) zählt es auch zu den ursprünglichen Symbolen des Reichs der Aufgehenden Sonne. Seine Entwicklung ist eng mit der sozialen, kulturellen und politischen Entwicklung des Landes verknüpft. Auf nationaler Ebene wie auch für die Vertreter der privilegierten Kriegerkaste des mittelalterlichen Japans wurde aus dem Schwert rasch *das* Symbol schlechthin für die Macht und für die höchsten menschlichen Tugenden: Tapferkeit, Loyalität, Rechtschaffenheit. Ein Schwert in seinem Besitz zu haben war nun ein erbliches Privileg geworden, und es überrascht nicht, dass schon bald das *katana* als die Seele des Kriegers angesehen wurde. Verlor ein Krieger sein Schwert, so war dies mit dem Verlust seiner Ehre gleichzusetzen.

Bereits aus der Nara-Zeit (Nara-jidai: 710-794; Nara, ursprünglich Heijō-kyō, war die erste permanente Hauptstadt Japans) gibt es Überlieferungen – die Texte Kojiki (712) und Nihonshoki (720) –, in denen die Praxis des »Weges des Schwerts« (*tachi-gaki, kumi-tachi*) bei der Ausbildung des *kuge* (kaiserlicher Adel) erwähnt wird.

794 wurde eine neue Hauptstadt errichtet, Heian-kyō, am Ort des heutigen Kyōto, die einer neuen Ära ihren Namen gab, Heian-jidai (794-1185). Während mehrerer Jahrhunderte öffnete sich Japan der verfeinerten Zivilisation Chinas und legte bedeutend weniger Wert auf kriegerische Angelegenheiten. Der Hof gab somit nicht allzu sehr Acht auf die zunehmende

Emanzipation der großen feudalen Familien (*buke*), die in ihren Provinzen zu immer mehr Autonomie gelangten. Und jeder dieser Klane sorgte dafür, dass seine eigenen Krieger ausgebildet wurden. Dies geschah im Rahmen der ersten individuellen Kampfkunstschulen, den *ryū-ha*, wo die mit den Klanen verbundenen Ausbilder erstmals versuchten, Techniken zu kodifizieren. Nach und nach verringerte sich die Bedeutung der Zentralmacht, während die militärische Macht der großen Familien wuchs. Die Krieger in ihren Diensten nannten sich Saburai (von »Saburo«, demjenigen, der nahe ist, der dient) bzw. Samurai. Für sie war das Training des *bujutsu*, vor allem des *kenjutsu*, Alltag.

Besonders zwei Klane erlebten in jener Zeit einen bedeutenden Aufstieg, der der Taira (auch Heike genannt) und der der Minamoto (beziehungsweise Genji). Fatalerweise standen sie einander feindlich gegenüber im Bestreben, die zentrale Macht zu ergreifen. Das berühmte Werk Heike-monogatari erzählt diesen epischen Kampf, der in der zweiten Hälfte des 12. Jahrhunderts stattgefunden hat. Nach einem ersten Sieg der Taira im Jahre 1160 gelang es dem tapferen Minamoto Yoshitsune, dem Halbbruder des Klanoberhaupts der Minamoto, Yoritomo, die Taira in der entscheidenden Schlacht von Dan-no-Ura 1185 vernichtend zu schlagen. Minamoto Yoritomo ließ sich vom Kaiser, der nur noch die Rolle eines Strohmanns spielte und über den er nach seinem Belieben verfügte, zum *shōgun* ernennen, und er führte eine Militärdiktatur ein. Seine große Macht verdankte er seinen *bushi*. Damit begann das Goldene Zeitalter dieser Krieger und somit auch der »Weg des Schwerts«[6]

Die geradezu allmächtig gewordenen Minamoto richteten ihre Hauptstadt und ihr Befehlszentrum in Kamakura ein. Die Kamakura-Zeit (Kamakura-jidai: 1185-1333) begann mit der Einrichtung der Militärregierung des *bakufu* (wörtlich »Regierung unter dem Zelt«, denn die »Hauptstadt« war zu Beginn nichts weiter als ein einfaches Zeltdorf), welche das Land regierte. Der Kaiser hingegen, dem lediglich eine rein symbolische und religiöse Macht gelassen wurde, blieb mitsamt seinem Hof in Kyōto.

[6] Für eine ausführliche Darstellung dieser historischen Entwicklung, siehe auch Habersetzer, R.: Die Krieger des alten Japan – Berühmte Samurai, Rōnin und Ninja. Chemnitz: Palisander 2012.

Yoritomo starb 1199, aber die neue politische Ausrichtung, die er dem Land gegeben hat, brachte Japan mehr als ein Jahrhundert inneren Friedens. Die Kriegerkaste, die nun an der Macht war, versäumte es nicht, der Ethik, die sich während des mörderischen Konflikts zwischen den Taira und den Minamoto herausgebildet hatte, eine endgültige Form zu geben. Die Begriffe der Loyalität, der Ehre, der absoluten Opferbereitschaft, des blinden Gehorsams und der Pflichterfüllung um jeden Preis verschmolzen zu einer Art ungeschriebenen Moralkodex. Verstärkt wurde dieser noch durch die strengen Lehren des Zenbuddhismus, die in Japan seit dem Ende des 12. Jahrhunderts Fuß fassten. Einige Jahrhunderte später entstand auf dieser Grundlage das berühmte *bushidō* (der »Weg des Kriegers« als Moralkodex). Ebenfalls in jener Zeit bildeten sich verschiedene Richtungen der Schwertschmiedekunst heraus (das Zeitalter des Gokaden, der fünf klassischen Schwertschmiedetraditionen aus den alten Provinzen Yamato, Sōshū (Sagami), Bizen, Yamashiro und Mino (Seki)). Die alten Meister perfektionierten die Qualität und die Schönheit der Klingen, ihre Form sowie die Montur.[7]

Zuvor waren die Schwerter für den Kampf zu Pferd bestimmt gewesen; die Kavallerie war die »Königin der Schlachten«. Die Klingen waren lang (*tachi*), gerade oder leicht gebogen und wurden mit der Schneide nach unten getragen. Mit der Zeit wurde die Ästhetik der Schwerter jedoch ebenso wichtig wie ihr Nutzwert; sie wurden kürzer, man fand die ideale Krümmung für eine leichtere Handhabung, und sie waren somit besser für den Zweikampf am Boden geeignet. Die Klingen dieses Zeitalters werden als *koto* (alte Klingen) bezeichnet, im Unterschied zu den *shinto* (neue Klingen), welche ab Mitte des 16. Jahrhunderts gefertigt wurden.

Am Ende der Kamakura-Zeit fand ein Ereignis statt, das entscheidende Auswirkungen auf die Kriegerkaste und in der Folge auf die Schwertschmiedekunst haben sollte: In den Jahren 1274 und 1281 versuchten mongolische Horden unter Kubilai Khan, Japan zu erobern. Dies führte zu einer Solidarisierung der japanischen Klane angesichts der zwingenden Notwendigkeit,

---

[7] Zur Montur (*koshirae*) zählen die lackierte Schwertscheide (*saya*), das in vielen Fällen sehr kunstvoll gefertigte Stichblatt (*tsuba*) sowie der Überzug und die Wicklung des Griffs (*tsuka*). Auch Beimesser und Schwertnadel wurden zur Montur gerechnet, ebenso wie diverse Metallbeschläge auf *saya* und *tsuka*.

das Archipel zu verteidigen; der daraus erwachsende Zusammenhalt der japanischen Nation ist bis zum heutigen Tag lebendig geblieben. Darüber hinaus beflügelte es die Militärwirtschaft. Diese Tatsache wird heute von japanischen Historikern gern stillschweigend übergangen, was unschwer zu verstehen ist: 1281 ereignete sich durch wunderbare Fügung ein Taifun (*kamikaze*, »göttlicher Wind«). Dieser Sturm, der die Flotte der Mongolen, die unmittelbar vor der Landung an den südlichen Gestaden Japans stand, in einer Nacht hinwegfegte, soll durch Gebete des Priesters Nichiren (1222-1282) heraufbeschworen worden sein. Die Japaner, die auf diese Weise vor der Invasion durch 150 000 mongolische Krieger bewahrt wurden, mussten nur noch die Überlebenden, die mit den Wracks an Land gespült wurden, massakrieren und die Waffen des Invasionsheeres einsammeln.

Man fand schnell heraus, dass die Bögen der Mongolen leistungsfähiger als die der Insulaner waren, und dass der mongolische Stahl dem der Japaner bedeutend überlegen war. Diese schockierende Lektion wurde rasch in einen Vorteil verwandelt. Die japanischen Schmiede untersuchten den Stahl der am Strand gefundenen Waffen, und schon bald konnten sie dessen Qualität reproduzieren. Ebenfalls ist bekannt, dass die Kunst des *kyūjutsu*, des militärischen Bogenschießens, von diesem Zeitpunkt an eine neue Ausrichtung bekam, mit Kurzbögen, welche direkt von denen der Mongolen inspiriert wurden (die Bögen, die heute im *kyūdō* verwendet werden, sind hingegen gänzlich anderer Art). Die Japaner haben also schon früh gelernt, wie man etwas kopiert und gleichzeitig vervollkommnet. Von dieser Zeit an wurden die japanischen Klingen geradezu perfekt, und ihre Herstellung erlebte einen phantastischen Aufschwung. Die Reinheit, Haltbarkeit und Schönheit des Stahls ließen die japanischen Schwerter in ganz Asien zum begehrten Handels- und Tauschobjekt werden.

Im Jahre 1333 begann die sogenannte Muromachi-Zeit (1333-1573), die durch die Herrschaft der *shōgune* des Klans der Ashikaga geprägt wurde. Zu Beginn dieser Ära wurden die Kampfkünste wenig gefördert. Der erste *shōgun*, Ashikaga Takauji (1305-1358), der den amtierenden Kaiser Go-Daigo entmachtet und einen ihm genehmen Kaiser eingesetzt hatte, verlegte die Hauptstadt nach Muromachi, einem Stadtteil von Edo (dem heutigen Tokio). Sein Enkel Ashikaga Yoshimitsu (1358-1408) sorgte für die Eröffnung von Trainingsstätten für Kampfkünste (*dōjō*), was zweifelsohne einen ersten

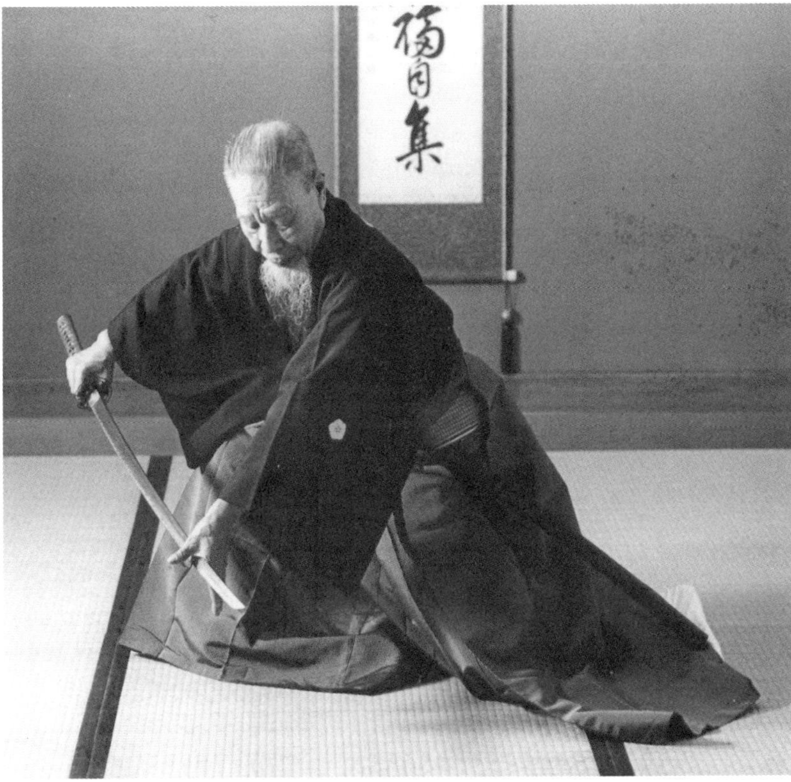

Tsumaki Seirin, 8. Dan, *hanshi*, 14. sōke des Tamiya-ryū, bei einer Vorführung im Alter von 85 Jahren.

Versuch darstellte, den aufrührerischen Geist der Kriegerklane zu besänftigen, die noch immer sehr unmutig darüber waren, nicht angemessen dafür belohnt worden zu sein, Japan vor der mongolischen Invasion bewahrt zu haben. Doch für Besänftigungen war es zu spät oder auch zu früh: Die Muromachi-Zeit war geprägt durch Kriege zwischen den großen Lehnsherren (*daimyō*), die das Land mit Feuer und Schwert verwüsteten, während die Zentralmacht an Einfluss verlor. Der Ōnin-Krieg (1467-1477) war der Auftakt einer langen Epoche der Bürgerkriege (Sengoku-jidai, Zeit der streitenden Reiche, 1477-1573), für die natürlich vor allem das gewöhnliche Volk teuer zu bezahlen hatte. Für die Krieger hingegen glich diese Zeit einem fruchtbaren Nährboden, aus dem neue Techniken für den Kampf ums Überleben sprossen, vor allem hinsichtlich des »Weges des Schwerts«. In dieser Zeit lebte im übrigen auch Hayashizaki Jinsuke (ca. 1546-1621), der von vielen als der eigentliche Vater des *iaijutsu* angesehen wird. Von ihm wird noch ausführlich die Rede sein.

Nie zuvor waren die verschiedenen Kampfkünste im ganzen Land so intensiv studiert und kodifiziert worden, wie damals in den vielen Schulen (*ryū*) der Meister des Kampfes, die im Solde der großen *daimyō* standen. Die Techniken des *kenjutsu* nahmen langsam, aber sicher Gestalt an. Die Kodifizierung und die Praxis waren damals jedoch frei von jeglichen »Schnörkeln« und »Verzierungen«, die auf dem Schlachtfeld nichts genutzt hätten. Jeder Fehler in der Kampftechnik wurde gnadenlos bestraft – der Tod lauerte überall. Da es an genauen und glaubhaften Quellen mangelt, werden wir nie erfahren, wie viele effektive Kampftechniken damals auf empirische Weise entdeckt wurden. Auch wenn sich zweifelsohne nicht jede davon durch besondere Originalität ausgezeichnet hat, so muss es doch damals Hunderte Schulen gegeben haben, denen Hunderte Schwertkämpfer vorstanden, deren Geschicklichkeit – vielleicht auch manchmal nur Glück im Kampf – sie aus der Masse heraushob. Manche dieser Schulen bestehen bis zum heutigen Tag, und ihre Vertreter behaupten, dass sie mit deren Wurzeln nach wie vor verbunden seien und somit ihre Techniken sich durch besondere Authentizität auszeichnen sollen. Das zu überprüfen ist natürlich unmöglich.

Zu den bedeutendsten Schulen jener Epoche zählen die folgenden, die im »Nihon Kengo Hyaku Sen« aufgelistet sind:

- Nen-ryū (von Nennami Jion), wahrscheinlich die älteste; sie wurde um 1400 gegründet.
- Tenshin Shōden Katori Shintō-ryū (von Iizasa Choisai Ieano).
- Bokuden-ryū (von Tsukahara Bokuden).
- Hayashizaki-ryū bzw. Musō Shinden-ryū bzw. Jushin-ryū (von Hayashizaki Jinsuke Shigenobu).
- Nitten Ichi-ryū (von Miyamoto Musashi).
- Yoshioka-ryū, Kage-ryū, Ittō-ryū

Es ist auch nicht möglich zu sagen, welche von den vielen Schwertkampftechniken, die unter den verschiedensten Bezeichnungen zum *kenjutsu*

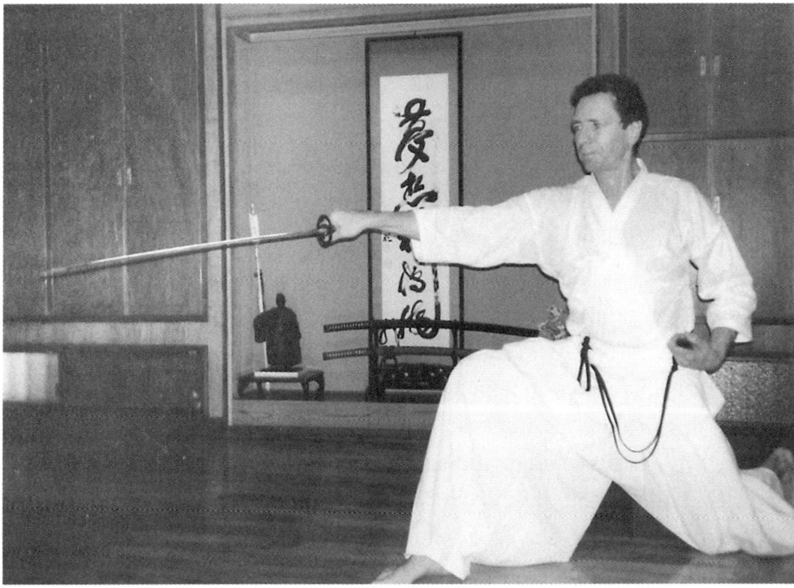

Jean-Pierre Raick, 7. Dan, in einer Phase der *seitei-gata* (siehe weiter hinten).

gerechnet wurden, speziell zu den Vorläufern des heutigen *iaidō* zählen. Denn letzteres, die Kunst des Schwertziehens, ist eine Auswahl von Techniken, die es ermöglichen, mit einer spontanen und gewissermaßen natürlichen Bewegung auf einen unverhofften Angriff zu reagieren, der aus einer beliebigen Richtung erfolgen kann. Es gibt keinen Zweifel, dass man schon damals beide Grundtypen von Schwertkampftechniken praktizierte: Zunächst wird mit der Bewegung des Schwertziehens ein erster Schlag ausgeführt, wobei man den Schlag des Gegners pariert oder ihm ausweicht, indem man zur Seite oder über den Angriff hinweg springt. Anschließend, wenn der Kampf noch nicht entschieden ist, wird mit den Techniken des *kenjutsu* weitergekämpft.

In der Mitte des 16. Jahrhunderts kamen erstmals portugiesische Händler auf die japanische Insel Kyūshu und brachten die ersten Feuerwaffen ins Land. Wenige Jahre später folgten jesuitische Missionare und später andere ausländische Händler. Diese unverhoffte Konfrontation mit einer neuen, fremdländischen Kriegstechnik erschütterte die Kriegerelite Japans in ihren Grundfesten. Die kriegerische Tradition, die auf der Beherrschung von Hieb-, Stich- und Stoßwaffen durch ein extrem anspruchsvolles Training beruhte, dem alles andere untergeordnet war, ging in der furchtbaren Schlacht von Nagashino im Jahre 1575 unter, in der die Blüte der Samuraireiterschaft des Takeda-Klans vernichtet wurde, bevor sie auch nur mit dem Feind in Berührung kommen konnte. Oda Nobunaga, der gegnerische Feldherr, hatte einige Hundert seiner Männer – mitunter sogar einfache Bauern – mit Musketen ausgestattet, die japanische Waffenschmiede nach europäischem Vorbild gebaut hatten. Einige Salven aus diesen Waffen reichten, um eine jahrhundertealte Tradition ritterlichen Kampfes für immer zu beenden. Auf diese Weise gelangte Nobunaga an die Macht im Lande, und zugleich verbreiteten sich Zweifel an der traditionellen Ausbildung der Samurai, einschließlich des Schwertkampfes.

Doch die Tradition hielt diesem Angriff stand. Zunächst einmal war das Schwert das Symbol schlechthin für den Rang eines *bushi*, und selbst die Erkenntnis, dass die Feuerwaffen den traditionellen Waffen überlegen waren, konnte die Krieger nicht davon überzeugen, hinfort auf das Schwert zu verzichten. Manche traditionellen Schulen bezogen allerdings von nun an den Umgang mit den neuartigen Waffen in ihre Lehren ein. Hinzu kam, dass Japan schon wenige Jahre nach dieser Schlacht in eine außerordentlich lange Periode des Friedens eintreten sollte, in der jegliche kriegerische Auseinandersetzung zwischen den Klanen durch das Tokugawa-*Shōgunat* verboten wurde.

1598 starb der *taikō* Toyotomi Hideyoshi und hinterließ die Macht fünf Regenten – unter ihnen der mächtige *daimyō* Tokugawa Ieyasu –, die jedoch untereinander um die Alleinherrschaft stritten. Im Jahre 1600 fand die Schlacht von Sekigahara statt. Diese stellte den Versuch der letzten rebellischen *daimyō* dar, sich der Machtergreifung durch die Tokugawa in den Weg zu stellen. Tokugawa Ieyasu ging als Sieger daraus hervor und ließ sich 1603 vom Kaiser zum *shōgun* ernennen. Zudem wählte er als neue Hauptstadt des Landes Edo (Tokio). Damit begann die Epoche des Tokugawa-Shōgunats, die bis zum Jahre 1868 andauern sollte. Für die Krieger des Kaiserreichs bedeutete dies eine starke Disziplinierung.

Die japanischen Gesellschaft wurde streng hierarchisch regiert. An der Spitze der Hierarchie standen die *bushi* (Samurai). Natürlich waren damit bedeutende Privilegien verbunden. Aber zugleich mussten sich die Samurai streng an die Regeln halten und wurden unaufhörlich überwacht, um jede Möglichkeit einer Rebellion gegen die Zentralmacht von vornherein zu vereiteln. Der von den Tokugawa aufgezwungene Frieden im Lande richtete den kriegerischen Geist der Samurai auf das Kampftraining in den *dōjō*. Nach und nach begannen die Ästhetik der Bewegungen und die Ergründung des Selbst dabei eine immer größere Rolle zu spielen, da selbst die einst als Mittel des Kräftemessens üblichen blutigen Duelle (*kettō*) per Gesetz verboten worden waren. Viele Meister der Waffenkünste (*sensei*) eröffneten *dōjō* in den Städten und auf den Burgen der *daimyō*. Das ist der Grund dafür, dass die traditionellen Kampfkünste in einer Zeit überleben und sogar perfektioniert werden konnten, in der die klassischen Waffen wie das Schwert technologisch längst überholt waren. Die Techniken des *battōjutsu* und des *iaijutsu* blieben so erhalten und wurden sogar durch neue Konzepte bereichert, vor allem philosophischer Natur, und die gelehrten Formen näherten sich allmählich den heute bekannten an.

1.1.2. Hayashizaki Jinsuke, der Vater des iaijutsu

Die Überlieferung verknüpft die Schaffung und den Aufschwung des *iaijutsu*, dem direkten Vorläufer des heutigen *iaidō*, mit einem ganz bestimmten Namen. Es handelt sich um Hayashizaki Jinsuke Shigenobu (oder auch Hōjō Jinsuke Shigenobu – manche Historiker sehen in ihm einen Nachkommen des einst sehr mächtigen Hōjō-Klans). Das meiste, was man über sein Leben an Informationen findet, scheint Legenden entsprungen zu sein. Aber es besteht kein Zweifel daran, dass es sich tatsächlich um eine historische Persönlichkeit handelt, die wahrscheinlich 1549 in der Provinz Sagami (der heutigen Präfektur Kanagawa) zur Welt kam. Er entstammte einer *Bushi*-Familie. Es ist möglich, dass er seine ersten bedeutenden Kampferfahrungen auf dem Schlachtfeld sammelte. Ebenfalls denkbar ist aber auch, dass er in seiner Jugend Japan durchstreifte, wie es die Art vieler junger Krieger war, die den Kampf mit jedem, der sich auf eine Herausforderung einließ, suchten, um ihre Kampfstärke zu prüfen und zu verbessern. Dies war die Praxis des *musha-shugyō*. Vielleicht geschah es in diesem Zusammenhang, dass er im

Tempel von Hayashizaki beim Meditieren die Eingebung für das Wesen des *iaijutsu* empfing. Dieser Tempel befand sich im Dorf Okura, nahe Kitamaruyama, in der Provinz Oshu, und er war der Gottheit Hayashi Myojin geweiht. Solch eine unverhoffte göttliche Eingebung (*tenshin-sho*) war ein geradezu klassischer Vorgang, der dem Gründer einer Schule die erforderliche Aura verlieh und der Schule ihren endgültigen Namen.[8] Allerdings findet sich in dem Buch »Bujutsu Taihaku Seiden« die Aussage, dass Hayashizaki, der sich als »inspiriert von den Göttern« betrachtete, sich dem Studium des Schwertkampfes zwischen 1595 und 1601 widmete, was bedeuten würde, dass er erst mit 46 Jahren damit begonnen haben soll. – Wie auch immer; die Persönlichkeit dieses Mannes war so stark, dass die Zahl seiner Schüler groß war und sein Einfluss prägend für das weitere Schicksal vieler von ihnen wurde. Weiterhin heißt es, dass sich die Spur des Meisters verlor, als er im Alter von 73 Jahren eine zweite Reise durch Japan als *musha-shugyōsha* vollführte. Doch was er hinterlassen hatte, hatte Bestand. Mehr als 200 Schulen des *iai* waren entstanden, inspiriert von seinen Lehren.

Hayashizaki Jinsuke Shigenobu nannte seine Schwertkampfschule zunächst Junpaku Den und später Musō-ryū Hayashizaki. Doch seine Schüler (*deshi*) und Nachfolger bevorzugten die Bezeichnung Shin Musō Hayashizaki-ryū oder Shinmei Musō Hayashizaki-ryū, wobei die Vorsilben *shin* bzw. *shinmei* auf die göttliche Inspiration anspielten. Mitunter finden sich auch die Namen Rinzaki-ryū, wobei Rinzaki eine andere Lesart der japanischen Schriftzeichen für Hayashizaki darstellt.

Wie lässt sich eine solch erstaunliche Wirkung der Lehren dieses Mannes erklären? Der entscheidende Punkt ist, dass Jinsuke Hayashizakis *battōjutsu* eine klare Ausrichtung auf Vergeistigung des Schwertkampfes besaß, und dies in einer Zeit, da die zu Untätigkeit gezwungenen Samurai nach einem neuen Sinn für ihre Anstrengungen beim Training suchten, einem neuen Grund, über sich selbst hinauszuwachsen, ganz im Sinne der Kriegerethik der tapferen *bushi* vergangener Zeiten. Der neue von Jinsuke ent-

[8] Viele traditionelle Kampfkunstschulen behaupten von sich, über einen derartigen Ursprung zu verfügen. Sehr oft wird auch das unverhoffte Eingreifen eines Tengu, jenes mythischen Wesens, halb Mensch und halb Vogel, welches in tiefen Wäldern haust und als Meister des Schwertkampfes gilt, angeführt.

wickelte Stil hob sich von allen anderen im Lande ab, da er sowohl die chinesischen Theorien von Yin (*in*), dem negativen Element, und Yang (*yo*), dem positiven, als auch die Lehren des Zenbuddhismus des berühmten Mönches Takuan (1573-1645) – einen Weg des inneren Friedens und der Selbstvervollkommnung – in sich einschloss. Nach seinen Lehren, die auch das Wesen des echten *iaidō* unserer Zeit prägen, bestand das höchste Ziel des Schwertkampftrainings nicht mehr nur darin, das Schwert in vollendeter Weise als Waffe einzusetzen. Dank Jinsuke gewann die Kunst, die bereits als »das Ziehen des Schwertes« bekannt war, eine nichtaggressive Ausrichtung: Nur zur Verteidigung durfte sie im Kampf eingesetzt werden. Letztendlich ging es sogar um das Prinzip des Nicht-Kämpfens, was die Kampftechniken in ein Mittel der spirituellen Suche des Kriegers verwandelte. Die Kunst des Jinsuke ist ein Weg, der es dem Menschen ermöglicht, unter allen Umständen den Gleichmut zu bewahren und sein Ego zu disziplinieren. Dieser Weg führt zu einer solchen Schärfe des Geistes, dass der Praktizierende die sichtbare wie die unsichtbare Welt besser verstehen lernt. Der Feind ist am Ende nicht mehr außerhalb, sondern im Innern.

Eine solche Entwicklung rief auch Kritiker auf den Plan. Wie sollte bei solchen konzeptionellen Veränderungen, die natürlich auch zu einer Wandlung der Techniken führten, die Effektivität im realen Kampf gewährleistet werden im Vergleich zu den alten Techniken, für die die geistige Komponente noch keine größere Rolle spielte? So beginnen viele der Techniken, die Jinsuke zugeschrieben werden, in einer knieenden Position (*seiza*), was den alten Kriegern Japans aus den von zahllosen Schlachten geprägten Zeitaltern höchst sonderbar vorgekommen wäre. Diese Position wie auch die Haltung, bei der man mit erhobenem rechten Knie auf der linken Ferse sitzt (*tate-hiza*) ist eine »tote«, das heißt, starre Haltung.[9] Hinzu kommt, dass die Samurai als Symbol ihrer Privilegien und als äußeres Zeichen ihres sozialen Ranges das *daishō* trugen, das heißt, das Paar aus langem (*ōdachi*) und kurzem Schwert (*kodachi*). Man kann leicht zeigen, dass ein *iaidōka* in knieender Position, der sein *katana* auf korrekte Weise im Gürtel trägt, das heißt, mit nach oben gerichteter Schneide und dem *tsuba* (Stichblatt) in der Mitte

[9] Mitunter wird behauptet, dass manche Wachen einst in solch einer Haltung verharren mussten, die so unbequem war, dass sie unmöglich darin einschlafen konnten.

des Körpers auf Höhe des Nabels, so wie es der Stil vorschreibt, unmöglich das kurze Schwert im selben Gürtel tragen kann. Darüber, was ein Krieger tun soll, wenn er sich, wie es bei bestimmten Gelegenheiten erforderlich war, von seinem Langschwert trennen musste, schweigt das Shin Musō Hayashizaki-ryū. Normalerweise konnte ein Samurai in diesem Fall sich wenigstens noch mit seinem Kurzschwert verteidigen, wenn dies erforderlich war. Doch kein Praktizierender des Shin Musō Hayashizaki-ryū übt sich im Gebrauch desselben. Und es gab noch ein Problem: Die Art und Weise, wie im Shin Musō Hayashizaki-ryū das einzige Schwert am Gürtel befestigt wird, entspricht nicht der Trageweise des *daishō*. Das wiederum bedeutete einen Verstoß gegen die Etikette und zudem eine reelle Gefahr. Indem man die Scheide (*saya*) an der linken Seite nach hinten gerichtet trug, bestand das Risiko, damit versehentlich an das Schwert eines anderen Samurai zu stoßen. Solch ein *saya-ate* wurde als absichtliche Provokation aufgefasst, als eine Kränkung, die unverzüglich zu rächen der Gekränkte jedes Recht hatte, selbst mit einem Schwertstoß in den Rücken. In manchen Schulen, wie dem Shinkage-ryū (Bishu Yagyū), wurde das *saya-ate* als Taktik, sich »kränken« zu lassen, gelehrt, damit man den »Angreifer«, ohne ihm entgegentreten zu müssen, mit einem guten Vorwand niederstrecken konnte.

Ist das Shin Musō Hayashizaki-ryū nun eine ausschließlich spirituelle Übung oder noch immer eine Kampfkunst? Zweifelsohne trifft beides zu, selbst wenn die Techniken mit der Waffe extrem vereinfacht wurden. Man kann auch sagen, dass gerade diese Vereinfachung, die Präzision und Klarheit der Bewegung, die Konzentration und die Schnelligkeit der Handlung vieles, das für gewöhnlich als für den Kampf vorteilhafter gilt, ersetzt. Das heißt tatsächlich, dass dieser neue Geisteszustand, der durch die Praxis des *iaidō* entwickelt wird, dem entspricht, was in allen japanischen Kampfkünsten als *sen-no-sen* bezeichnet wird: Man strebt danach, den Gegner zu besiegen, indem man in genau dem Augenblick blank zieht, in welchem sich in dessen Geist die Absicht anzugreifen formt. Dies ist das Konzept des *kobo-ichi* – Angriff und Verteidigung sind eins –, welches den Kern jeder echten Kampfkunst bildet.

In diesem Sinne ließen die Lehren des Jinsuke seine Schüler zu wahren Pionieren der Kunst, das heute als *iaidō* bezeichnet wird, werden, die mit dem *iaijutsu* von einst nur noch teilweise zu tun hat.

Schulen wie das Musō Shinden-ryū und das Musō Jikiden Eishin-ryū, die zu den heutigen Erben der Lehren Jinsuke Hayashizakis zählen, stellen hervorragende Beispiele für *Budō*-Disziplinen dar, in welchen der Abstand, der die reine Techniklehre (*jutsu*) von einem echten Weg (*dō*) trennt, deutlich erkennbar wird. Mit dem – zu Recht oder zu Unrecht – Hayashizaki Jinsuke Shigenobu zugeschriebenen geistigen Beitrag wurde der »Weg des Schwertes« zu einer klassischen Kunst.

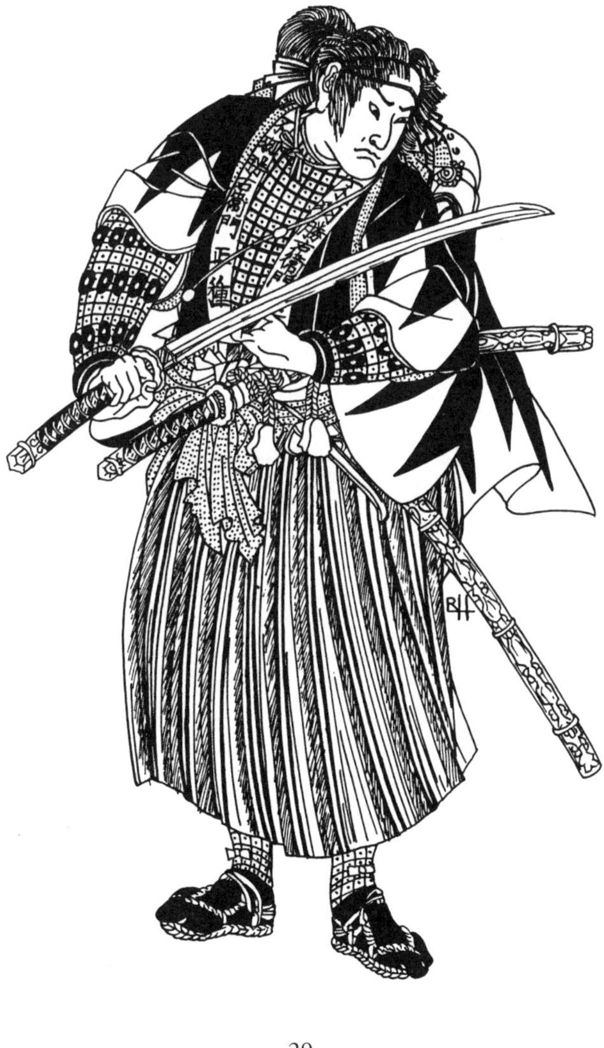

Wenig zählt die Länge seines Schwertes, wenn der Mann nicht um die Tugend weiß.
Chinesisches Sprichwort

1.2. Iaidō – eine klassische Kunst

1.2.1. Vom Tokugawa-Frieden zu den seitei-iai-gata

Die Machtübernahme durch den Klan der Tokugawa ließ Japans Politik mehr als zweihundert Jahre lang erstarren. Die Edo-Epoche (Edo-jidai) – benannt nach der neuen Hauptstadt des Landes – dauerte von 1603 bis 1868. Sie stellte eine Zeit des Friedens und des Wohlstands dar, während derer die traditionellen Kampfkünste sich in Vorbilder für die Erziehung und die Moral verwandelten. Langsam aber sicher entwickelten sich die kriegerischen Techniken (*bujutsu*), die, da ihr Gebrauch verboten war, nutzlos geworden waren, in spirituelle und ästhetische Wege, (*dō*). Das *shōgunat* war stark daran interessiert, den kriegerischen Eifer seiner *bushi* zu dämpfen und zu kontrollieren, da sich mehr als einmal in der Geschichte Japans gezeigt hatte, wie gefährlich dieser für die Zentralmacht werden konnte. Das höchste Ziel der »Wege des Schwertes« wurde somit durch die neuen gesellschaftlichen Gegebenheiten umgeprägt, die Methoden des Lehrens, des Trainings und der Praxis wandelten sich. Das Aufkommen von Schutzkleidung, Vorläufern der Rüstungen, die im *kendō* getragen werden, stellte hierbei eine entscheidende Wende dar, da man nun eine kämpferische Praxis auf gefahrlose Weise weiterführen konnte. Aus dem selben Grund ersetzten die *sensei*, die in den *dōjō* der großen Adelsgeschlechter oder in eigenen *dōjō kenjutsu* unterrichteten, im Training das Eisenschwert durch das Holzschwert (*bokuto*, später als *bokken* bezeichnet) und in der Mitte des 18. Jahrhunderts durch Schwerter mit Bambusklingen (*shinai*).

Nicht jeder schätzte solch ein Training mit Schwertersatz, dem jene Authentizität fehlte, die reale Kämpfe auf Leben und Tod prägt. Die Abwesenheit eines echten Risikos in diesen neuen Formen des Trainings stieß in den *dōjō* auf großen Widerstand, und oft zogen Schüler es vor, sich unter diesen Bedingungen von ihrem Meister zu trennen, um als *rōnin* (Samurai ohne Herren) auf der Suche nach Herausforderungen durch das Land zu streifen (*musha-shugyō*).

Parallel zu dem Streben, die traditionellen Kampfkünste, die für den realen Kampf bestimmt waren, durch erzieherische Praktiken zu ersetzen, gab es das Bestreben, der Klasse der *bushi* ein System aus Verhaltensregeln aufzuzwingen – für das Verhalten untereinander und gegenüber anderen – die ihre Aufmerksamkeit unaufhörlich beanspruchen sollten. Das war eine raffinierte Methode, eine Energie zu mobilisieren und zu kanalisieren, die um jeden Preis von realen Auseinandersetzungen abgehalten werden musste, die für die herrschende Aristokratie zur Gefahr hätten werden können.

Im Jahre 1615 verfasste auf Verlangen Ieayasu Tokugawas ein Zen-Mönch eine erste Fassung der »Regeln für die Kriegerfamilien« (*buke-sho-hatto*), welche den Samurai in ein System aus strengen Konventionen einband, die sein stürmisches Temperament zügeln sollten. Das war der erste Versuch der schriftlichen Kodifizierung der Regeln, die bis dahin nur mündlich überliefert worden waren und unter den Bezeichnungen *shidō* (Weg des Edelmannes), *mononofu-no-michi* (Weg des Kämpfers), *masurao-no-michi* (Weg des Helden) und *kyūba-no-michi* (Weg des Bogens und des Pferdes) bekannt waren.

Nach und nach ersetzte der Begriff des *bushidō*, des Weges des Kriegers, all diese teilweise jahrhundertealten Bezeichnungen. Yamaga Sokō (1622-1685) verfasste eine komplexe und detaillierte Darstellung der moralischen Prinzipien, nach denen ein Samurai, der dieser Bezeichnung würdig war, sich streng zu richten hatte. Dies bezog sowohl die Ausübung des Waffenhandwerks als auch die anscheinend unbedeutendsten Einzelheiten des täglichen Lebens mit ein, für alles wurde klar definiert, was richtig und was falsch sei. Auch verlangte er, dass ein Krieger dem Tode gegenüber bewusst gleichgültig zu sein habe.

Doch erst im darauffolgenden Jahrhundert gelangte das Konzept des *bushidō* zu wahrer Reife: Im Jahre 1716 erschien ein Werk, das ein großer Klassiker werden sollte: das Hagakure. Hierbei handelt es sich um die gesammelten Schriften des alten Samurai Yamamoto Tsunetomo (1659-1719), herausgegeben durch Tashiro Tsuramoto. Das Hagakure (»Verborgen unter den Blättern«) bringt auf vollendete Weise den Samurai-Geist zum Ausdruck, es ist ein echter praktischer Leitfaden. Im Mittelpunkt des Werkes steht die Loyalität des Samurai gegenüber seinem Herrn beziehungsweise *giri*, die Pflicht. Sie ist Quelle und Kraftspender für alle ande-

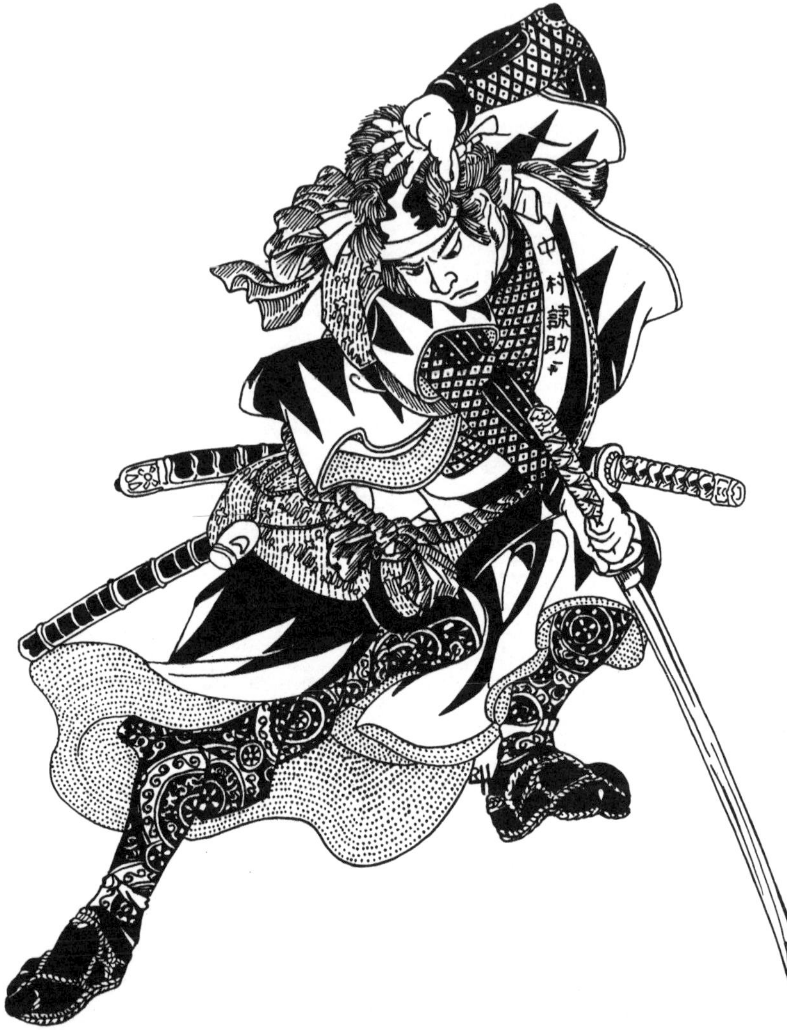

Darstellung eines Kriegers von Utagawa Kuniyoshi. Die Abbildung entstammt einer Serie von Holzschnitten zur berühmten Geschichte von den »47 *rōnin* aus Akō«.

ren Tugenden. Auf dieser Grundlage würde der Samurai ein »Leben, rein wie ein Diamant«, führen.

Inazo Nitobe (1862-1933) griff die Thematik am Ende des 19. Jahrhunderts neu auf, in einer Epoche der Wiedererstarkung des japanischen

Nationalismus. 1905 erschien sein Werk erstmals in englischer Sprache unter dem Titel »Bushido, the Soul of Japan«.

Man muss wissen, dass in all diesen Regelwerken, die erstaunlich präzise und detailliert waren, das Schwert generell als Seele beziehungsweise Herz des Samurai galt, als sichtbares Symbol all seiner Tugenden. Die »Wege des Schwerts« – so unterschiedlich sich *kenjutsu* und *iaijutsu* auch entwickelten – sind von dieser Sichtweise auf eine Waffe, die, nüchtern betrachtet, nur eine von vielen ist, durchdrungen. Tatsächlich war das Schwertpaar (*daishō*), mit dem langen Schwert (*katana*) und dem kurzen (*wakizashi*), die in einem breiten Gürtel (*obi*) befestigt waren, mit den Schneiden nach oben, die einzige Waffe, die ein Samurai immer bei sich trug. Zumindest gilt das für das *wakizashi*, da es gegen die Etikette verstieß, beim Besuch bei einem Freund oder bei einem Ranghöheren das längere Schwert mit sich zu führen.

So gesehen, ist das besondere Augenmerk auf diese Waffe verständlich, da sie für den Samurai die Möglichkeit, unter allen Umständen überleben zu können, verkörperte. Und in diesem Zusammenhang kommen die Techniken des *iai* ins Spiel. Sie allein verliehen dem Krieger die Fähigkeit, jeden unverhofften Angriff aus jeder Richtung und zu jeder Zeit unverzüglich mit einem Gegenangriff kontern zu können. Zu lernen, in einem Augenblick blank zu ziehen und mit derselben Bewegung den entscheidenden Schlag auszuführen, und dies auf solch vollendete Weise, dass es unmöglich war, ihn abzuwehren, wurde geradezu zu einer Obsession. Während das *kenjutsu* sich zunehmend auf den Kampf mit Ersatzwaffen im *dōjō* beschränkte und es kaum noch Möglichkeiten gab, das Gelernte wirklich zu anzuwenden, strebte das *iaijutsu* zu immer größerer Perfektion und gelangte schon bald zu einem hohen Maß an Effektivität. Hinzu kam, dass man diese Kunst allein für sich trainieren konnte (*tandoku-renshu*), an jedem Ort, und dies tagaus, tagein.

Die erstaunliche Wirkung, die Hayashizaki Jinsuke Shigenobu und seine Schule des Shin Musō Hayashizaki-ryū erzeugte, beruht darauf, dass viele Krieger sich der Tatsache bewusst wurden, dass unter den Bedingungen, die durch die Herrschaft der Tokugawa entstanden waren, der alte »Weg des Schwertes«, der auf dem Kampf mit der bereits gezogenen Waffe beruhte, im Vergleich zum neuen Weg, der auf dem *katana*, das *bereit* war, aus der Scheide zu springen, basierte, weniger praktisch war. Dies stellt eine mögliche Interpretation des alten Samurai-Spruches »In seiner Scheide ist das Schwert ein Schatz« dar, der ebenfalls eine Anspielung auf die geistige Kraft der Schwertklinge darstellt (siehe Abschnitt »Sich selbst angreifen«, Seite 56).

Mit dem Ende des Tokugawa-Shōgunats 1867 brach ein gänzlich neues Zeitalter an. Bis zu diesem Zeitpunkt war die Kriegerkaste stets respektvoll behandelt worden, auch wenn die Krieger sich ihres wahren Daseinsgrundes seit langem beraubt gesehen hatten. Kaiser Mitsuhito entmachtete den *shōgun* und stellte die kaiserliche Macht wieder her. 1868 verlegte er seinen Regierungssitz von Kyōto nach Edo, welches in Tokio – »Hauptstadt des Ostens« – umbenannt wurde. Das war der Beginn des Meiji-Zeitalters (1868-1912), der »Ära des Lichts«. Dies war verbunden mit einer Modernisierung des Landes nach westlichem Vorbild und der Öffnung des Landes für das Ausland. Mit großem Elan modernisierte Japan seine politischen Strukturen – erstmals in der japanischen Geschichte gab es eine Verfassung und ein Parlament –, seine Wirtschaft – die Zaibatsu, große Industriekonzerne, wurden geschaffen – und seine Gesellschaft – von nun an galt jeder Bürger vor dem Gesetz gleich, was das Ende des bisherigen Kastensystems bedeutete. Nicht zuletzt wurde auch das Militärwesen im Lande vollständig erneuert. Von nun an gab es eine moderne Armee, die mit Unterstützung ausländischer Militärberater nach europäischem Vorbild aufgebaut wurde.

Damit waren die Samurai endgültig in Ungnade gefallen; die einstige Elite des Landes wurde nun geradezu als störend empfunden, nachdem sie jahrhundertelang als Vorbild gegolten hatte. Die großen *daimyō*, deren Macht in ihren Herrschaftsbereichen einst unangefochten war, mussten ihre Gebiete an den Staat abtreten, und den Samurai blieb nun lediglich die Wahl, entweder ohne alle Privilegien Soldat in der neuen Armee oder einfacher Bürger zu werden. Das Haitorei-Edikt von 1876 bedeute für die Samurai den »Gnadenstoß«. Von nun an war es ihnen verboten, in der Öffentlichkeit ihre Schwerter zu tragen. Durch kaiserlichen Beschluss war das feudale Japan untergegangen. Der Untergang geschah nicht ohne Gegenwehr: 1877 kam es zum Aufstand von Satsuma. Zehntausende zutiefst verzweifelte und gekränkte Samurai, angeführt von Saigō Takamori

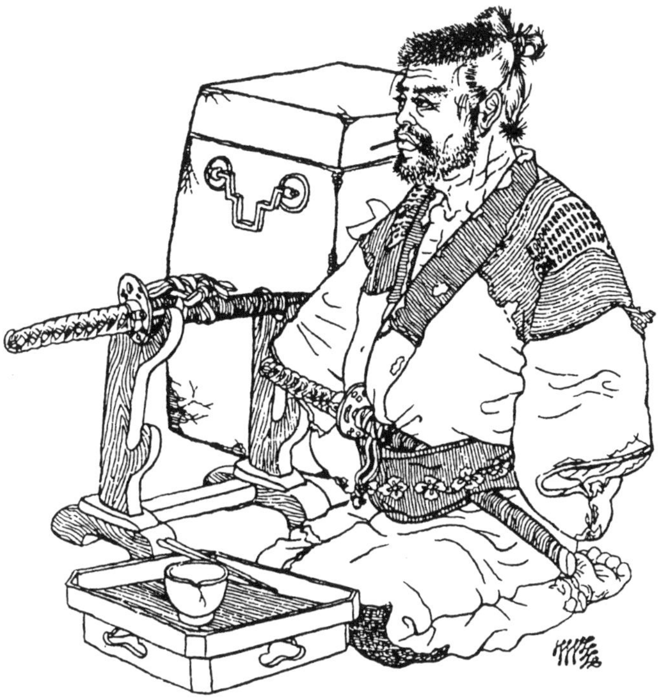

Bushi wa kuwanedo takayogi – »Der Ruhm des Samurai in ehrenhafter Armut«: Die Meiji-Zeit war geprägt vom Niedergang der Kaste der traditionellen Krieger, die nutzlos geworden waren und sich nicht selten zum Betteln gezwungen sahen.

(1827-1877), erhoben sich zu einer blutigen Revolte.[10] Doch all ihr Mut und all ihre Kunst im Umgang mit dem *katana* half ihnen nichts gegen die Gewehre und Kanonen der jungen kaiserlichen Wehrpflichtarmee. Die Schlacht von Shiroyama bedeutete den endgültigen Untergang einer uralten Kriegerkultur. Tausend Jahre hatten die Samurai die Seele dieses Landes dargestellt, doch die Geschichte kennt kein Erbarmen … Das Leben für die traditionell erzogenen Krieger war von nun an alles andere als einfach, zumal die meisten von ihnen es ablehnten, als gewöhnliche Soldaten in die neue Armee einzutreten, wie der Kaiser es ihnen angeboten hatte.

---

[10] Siehe Habersetzer, R.: *Die Krieger des alten Japan. Berühmte Samurai, Rōnin und Ninja.* Chemnitz: Palisander 2011, S. 237 ff.

Zunächst schien es auch, dass die Kampfkünste zum Untergang verurteilt seien, denn kaum jemand interessierte sich mehr dafür inmitten des Modernisierungsstrebens, das Japan zu Beginn des 20. Jahrhunderts wie ein Fieber erfasst hatte. Die alten *sensei* des *bujutsu* hatten es schwer. In Armut lebten sie in ihren verlassenen *dōjō* und gaben von Zeit zu Zeit öffentliche Vorführungen, zu denen die Leute kamen wie zu einer Zirkusvorstellung. Wer war schon noch an den Weisheiten der alten Kampfkunstmeister interessiert? All das schien überholt, hoffnungslos veraltet. – Jigoro Kanō war es nur deshalb gelungen, das traditionelle *jujutsu* zu retten, indem er es in eine sportliche Form kleidete – das *jūdō*.

Doch das *iaijutsu*, im Gegensatz zum *kenjutsu*, hielt sich besser, als man hätte denken sollen. Der »Weg des Schwertes« wurde vor allem in den südlichen Provinzen weitergelehrt – Tosa, Hizen und Satsuma, der Heimat Saigō Takamoris. Dies geschah unauffällig, fast im Geheimen. Hier war es auch, wo Nakayama Hakudō (1873-1958), dem eine Schlüsselrolle beim Wiederaufleben dieser Kunst in den 30er Jahren des 20. Jahrhunderts zukam, den Schwertkampf erlernte (siehe Seite 43).

Während der Taishō-Zeit (1912-1926) und auch zu Beginn der Shōwa-Zeit (1926-1989) fristeten die Kampfkünste ein Schattendasein. Als die japanischen Inseln 1945 durch die amerikanischen Truppen unter Mac Arthur besetzt wurden, wurde ihre Praxis sogar verboten.

Doch bereits 1948 wurde der Alljapanische Iaidōverband, »Zen Nihon Iaidō Renmei«, gegründet. *Iaidō* – dies war der Name, der etwa 15 Jahre zuvor die Bezeichnung *iaijutsu* ersetzt hatte. Und dieser Bund wurde von den Amerikanern toleriert, da das *iaidō* sich des kriegerischen und nationalistischen Gedankengutes, das es in der Zeit vor dem Krieg geprägt hatte, entledigt hatte. Somit hatte das *iaidō* zu seiner ursprünglichen Reinheit zurückgefunden. Der Neuanfang gewann an Schwung, als 1952, im Jahr des Abzugs der amerikanischen Besatzer, das »Zen Nihon Kendo Renmei«, der Alljapanische Kendōverband, gegründet wurde, dem das *iaidō* sich anschloss. Und wie die Pilze schossen überall neue Kampfkunstschulen aus dem Boden, vor allem Schulen des *jūdō*, des *aikidō*, des *karate* und des *kendō*, aber auch viele *ryū* des traditionellen *bujutsu*. Zahlreiche Schüler begannen unter dem frischen Eindruck der Niederlage auf der Suche nach neuen Lebensgrundsätzen mit dem Training der alten Kampfkünste.

Die Entwicklung des *iaijutsu* beziehungsweise *iaidō* stabilisierte sich und trat in ein ruhigeres Fahrwasser, als im Mai 1968 etwa dreißig klassische Schulen, die die Wechselfälle der Geschichte überlebt hatten, eine Vereinheitlichung der Techniken beschlossen. Solch eine Vereinheitlichung wurde für erforderlich gehalten, um eine Zersplitterung zu verhindern und die Grundtechniken dieser Kampfkunst auf effektive Weise einander anzugleichen, die sich ohnehin nur in unbedeutenden Details voneinander unterschieden. Doch solche kleinen Unterschiede haben oft die Tendenz, sich im Lauf der Zeit zu verstärken, und dies sollte vermieden werden. Der japanische Kendōverband beauftragte daher etwa ein Dutzend Lehrer des *iaidō* und des *kendō*, eine Kodifizierung vorzunehmen. Diese Meister waren oft die offiziellen Erben ihrer jeweiligen Schule (*sōke*). Dieser erste Versuch führte zu einer ersten Serie von sieben Formen, welche Elemente aus verschiedenen traditionellen Schulen enthielten, und die man als *seitei-iai* bezeichnete.[11] Im März 1980 fand erneut ein Expertenkolloquium statt, bei dem drei neue Formen ergänzt wurden, so dass die zweite Variante des *seitei-iai* zehn *kata* enthielten. Das bedeutete auch eine Annäherung an die *kendō-no-kata*, die ebenfalls aus zehn Einzelformen bestanden. Diese zehn Bewegungsfolgen, die ersten *kendō renmei seitei gata*, stellten nun für zwanzig Jahre den Höhepunkt der technischen und geistigen Entwicklung des »Weges des Schwertziehens« dar. 2001 wurden noch zwei weitere Formen hinzugefügt, und unter der neuen Bezeichnung *Zen Nippon Kendō Renmei Iai* sind diese offiziellen *kata* heute die Grundlage für die Prüfungen der Dantäger, die von vielen offiziellen Verbänden[12] des *kendō* und des *iaidō* anerkannt wird.[13]

Die neuen Formen enthielten nach wie vor die wesentlichen Grundprinzipien des »Weges des Schwerts« und ermöglichten einen hohen Beherrschungsgrad dieser Kunst. Dennoch darf nicht außer Acht gelassen

---

[11] *Sei* – jpn. System. *Tei* : jpn. Standard. – Auch *sete-iai*, *seitei-iai-gata*, *seitei-gata*.

[12] Hierzu zählen in Japan die All Japan Kendo Federation (Zen Nihon Kendō Renmei), weltweit die International Kendo Federation, in Europa die European Kendo Federation, in Frankreich das Comité National du Kendo und in Deutschland der Deutsche Iaido Bund in Kooperation mit dem Deutschen Kendobund.

[13] Jedes Jahr findet eine Konferenz des Technischen Komitees des Zen Nippon Kendō Renmei statt. Dabei werden von Zeit zu Zeit Veränderungen bzw. Verfeinerungen in den Formen beschlossen und entsprechende Ausführungshinweise erteilt. Letztere werden zunächst mündlich weitergegeben und schließlich in die Manuale des Verbandes aufgenommen.

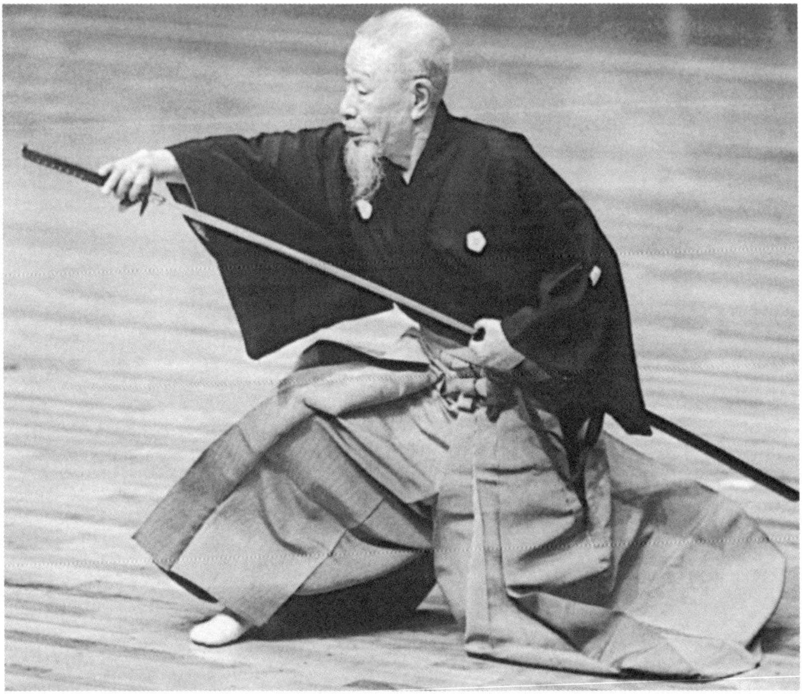

Die Kunst des Schwertziehens in ihrer ganzen Reinheit und Vollendung: Vorführung durch den 85jährigen Tsumaki Seirin *hanshi*, eines der Meistergründer des *seitei-iai*.

werden, dass sie für sich genommen nicht den vollständigen Wissensschatz des *iaidō* enthält, wie er in den nach wie vor bestehenden traditionellen Schulen vermittelt wird. Tatsächlich gibt es bis zum heutigen Tag zahlreiche *Bujutsu*-Schulen, die seit dem japanischen Mittelalter existieren, und die Techniken des *iai* in ihren Kampfsystemen integrieren. Hierzu zählen unter anderem das Maniwa Nen-ryū, das Yagyū-ryū, das Shinkage-ryū, das Nen-ryū, das Mugai-ryū, das Kage-ryū und das Chujō-ryū.

Die vereinheitlichte Form der ersten zehn *kata* wurde durch die Meister geschaffen, die als die herausragendsten Vertreter der Schulen Musō Shinden (Ōmori), Eishin, Tamiya, Musō Jikiden und Hoki galten. Sie waren allesamt *hanshi* (Großmeister) und Träger des 8. oder 9. Dan. Auf diese Weise konnte die *kata* zum zeitgenössischen Ausdruck eines klassischen Weges werden. Ihre Nüchternheit bewirkte ein zunehmendes Interesse von Seiten aller Praktizierenden authentischer *Budō*-Künste, die von der sportlichen Entwicklung der Mehrzahl der Kampfkünste – die zu Lasten des geistigen Gehalts erfolgte – enttäuscht waren. Gerade ihre offenkundige praktische Nutzlosigkeit war es, die das Überleben dieser nunmehr klassisch gewordenen Kunst garantierte, da der moderne *budōka* in seinem Streben nach selbstloser Vervollkommnung im *iaidō* das findet, was andere Kampfkünste stets versprechen, aber immer weniger zu halten in der Lage sind.

Im übrigen ist es interessant festzustellen, dass die Verbreitung des *seitei-iai*, dessen Anhängerschaft stetig zunimmt, ebenfalls ein lebhaftes Interesse der Praktizierenden für andere ursprüngliche Formen, die in den traditionellen *ryū* verbreitet sind, hervorrief, und dies unabhängig davon, ob diese Schulen bei der vom Zen Nippon Kendō Renmei durchgeführten Vereinheitlichung der Formen berücksichtigt wurden oder nicht. Diese Entwicklung kommt dem gesamten »Weg des Schwertes« zugute.

Zu den Meistergründern des *seitei-iai* zählten:

- Masaoka Kazumi *hanshi*, 9. Dan, vom Musō Jikiden Eishin-ryū
- Yamatsuta Jukichi *hanshi*, 9. Dan, vom Musō Shinden-ryū
- Hashimoto Masatake *hanshi*, 9. Dan, vom Musō Jikiden Eishin-ryū
- Kamimoto Eiichi *hanshi*, 9. Dan, vom Musō Shinden-ryū
- Mitani Yoshisato *hanshi*, 9. Dan, vom Musō Jikiden Eishin-ryū
- Danzaki Tomoaki *hanshi*, 8. Dan, vom Musō Shinden-ryū
- Sawayama Shuzo *kyoshi*, 8. Dan, vom Hoki-ryū
- Tsumaki Seirin *hanshi*, 8. Dan, vom Tamiya-ryū
- Wada Hachiro *hanshi*, 8. Dan, vom Musō Shinden-ryū
- Omura Tadaji *hanshi*, 8. Dan, vom Musō Shinden-ryū

1.2.2. Die heutigen traditionellen Schulen (ryū-ha)

1.2.2.1. Musō Shinden-ryū

Das Musō Shinden-ryū ist die in Japan verbreitetste Stilrichtung. Sie lässt sich direkt auf Hayashizaki Jinsuke Shigenobu (1549-1622) zurückführen, von dem bereits weiter vorn die Rede war (siehe Seite 25).

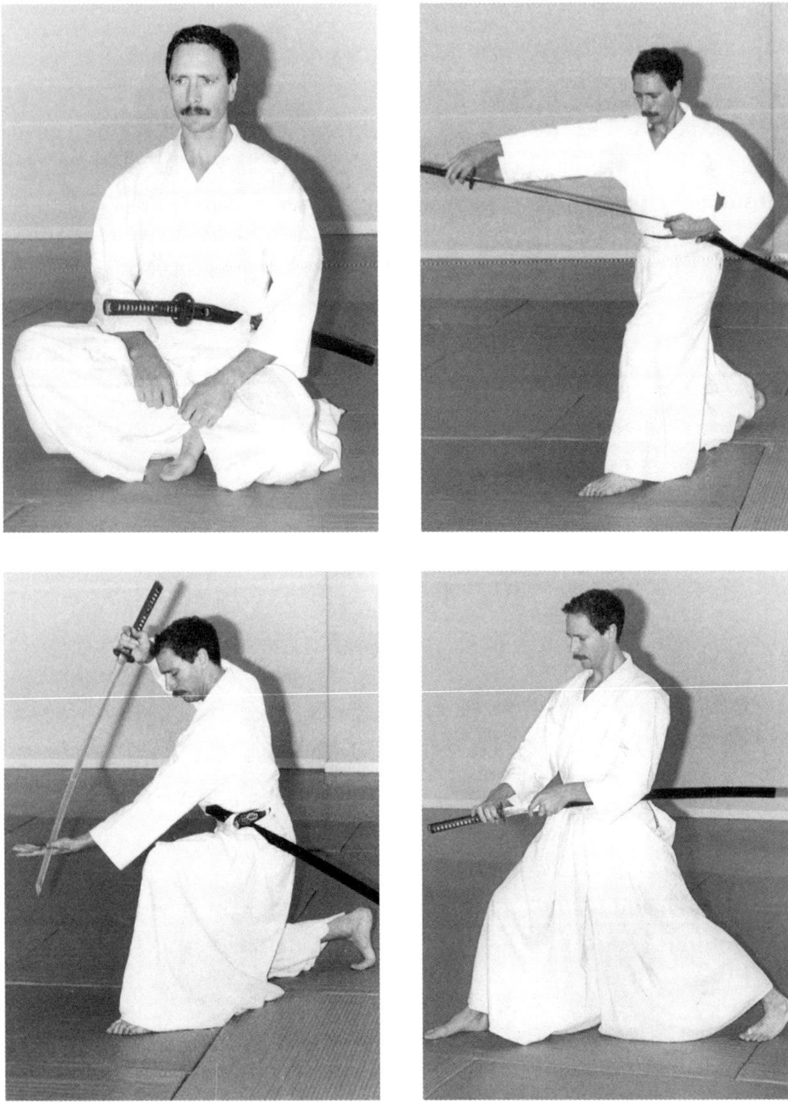

Jean-Pierre Raick bei einem Lehrgang im Jahre 1986 am Centre der Recherche Budo. Er war zu jener Zeit Inhaber des 6. Dan im *kendō* und im *iaidō* sowie des 6. Dan im Tamiya-ryū. Er ist technischer Direktor der European Kendo Federation.

Tatsächlich verbreiteten sich die Lehren des »von den Göttern Inspirierten«, die dieser ursprünglich Junpaku Den und später Musō-ryū Hayashizaki getauft hatte, auch unter den Bezeichnungen Musō Jikiden-ryū, Shin Musō Hayashi-ryū, Shigenobu-ryū und Yushin-ryū.

Nach dem Tode des Gründers übernahm Tamiya Heibei Narimasa die Nachfolge. Dieser führte den Stil seines Meisters fort und erneuerte ihn zugleich durch Schaffung einer eigenen Stilrichtung, Tamiya-ryū. Der folgende *sōke*, Nagano Muraku Kinrosai, tat es ihm gleich. Auch er gab Hayashizakis Lehren weiter und gründete parallel dazu den Stil Muraku-ryū.

Der 7. *sōke* der Schule, welcher um 1700 die Führung des Stils übernahm, hieß Hasagawa Hidenobu Eishin. Seine Kenntnisse im Hayashizaki-ryū und im Musō Jikiden-ryū, wie auch die Ergebnisse eigener Forschungen ließ er ebenfalls in einen eigenen Stil einfließen, der die Bezeichnung Eishin-ryū trug. Ihm wird die Schaffung der Haltung *iai-hiza* (*tate-hiza*) zugeschrieben und ebenfalls die geniale Entdeckung, dass ein mit der Schneide nach oben getragenes *katana* es ermöglichte, zugleich mit dem Schwertziehen einen Schnitt auszuführen. Es erscheint allerdings seltsam, dass diese vorteilhafte Technik erst so spät entdeckt worden sein soll …

Der nachfolgende *sōke* gliederte das Eishin-ryū wieder an den zentralen Zweig des Hayashizaki-ryū an. Eine neue wichtige Ergänzung erfolgte durch den 9. *sōke*, Hayashi Rokudayu Morimasa. Er hat auch bei Ōmori Rokurozaemon Masamitsu Unterricht genommen, einem Meister des Shinkage-ryū, welcher ebenfalls einen eigenen Stil entwickelt hat, den Ōmori-ryū. Von diesem hat er in seinen Stil des Shin Musō-ryū die Techniken im *seiza* (Kniesitz) übernommen, und zum ersten Mal in der Geschichte dieser Linie wurde ein Ritual eingeführt – *reishiki* oder *reihō*, die Etikette. Das ist nicht erstaunlich, denn inzwischen war der Tokugawa-Frieden längst zur Reife gelangt.

Der 11. *sōke*, Oguro Motoemon Hiyokatsu, führte die Praxis des Ōmori-ryū fort, zugleich mit den essentiellen Techniken Jinsuke Shigenobus, deren Fortführung ihm anbetraut war. Doch nach diesem Stiloberhaupt zerbrach die Schule des Hasegawa Eishin-ryū endgültig in zwei Teile: Shimomura-ha und Tanimura-ha. Shimomura-ha war vor allem im Gebiet um Tokio verbreitet, während das Tanimura-ha in der Gegend von Kanagawa vorherrschte.

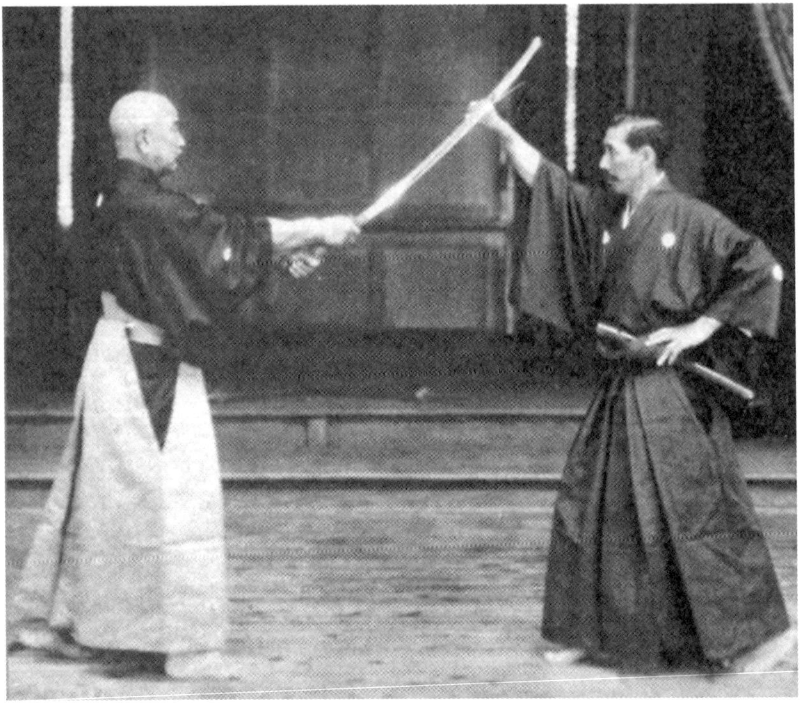

Nakayama Hakudō (rechts) bei einer Schwertkampfvorführung in den 1940er Jahren.

Der Zweig des Shimomura-ha erlosch 1958 mit dem Tod Nakayama Hakudō Hiromichis, des 16. *sōke*, der die Lehren des Stils allerdings in das von ihm geschaffene Musō Shinden-ryū einfließen ließ (siehe weiter hinten), in welchem sie somit weiterbestehen konnten. Der andere Zweig, Tanimura-ha, besteht bis zum heutigen Tage. Er wurde jedoch durch den 17. *sōke*, Ōe Masamichi zu Beginn des 20. Jahrhunderts in Musō Jikiden Eishin-ryū umbenannt, unter welchem Namen die Schule seither geführt wird. Das aktuelle Oberhaupt, Kono Monomori, ist der 19. *sōke* des Stils.

Es gibt manche Experten, die behaupten, dass die Weitergabe des Stils Shimomura-ha den Tod Nakayama Hakudō Hiromichis überdauert habe und von Hachimoto Toyo und schließlich derzeit von Saito Isamu weitergeführt wurde. Dies ist ein klassischer Richtungsstreit ... Auf jeden Fall lässt sich feststellen, dass die beiden der Spaltung des ursprünglichen Stils entsprungenen Schulen technisch einander sehr ähnlich sind. Es sei den

Spezialisten überlassen, die weitere Entwicklung gegebenenfalls detaillierter auszuarbeiten. Es ist jedoch sinnvoll, zuzugeben, dass die Nachfolge in allen beiden Zweigen nach dem Tod Ōe Masamichis und Nakayama Hakudōs nicht mehr klar geregelt werden konnte.

Für die Kunst des *iaidō* war der Beitrag Nakayama Hakudōs (1873-1958), des 16. *sōke* des Shimomura-ha-Zweiges des Hasegawa Eishin-ryū, von allergrößter Bedeutung. Nakayama hatte wahrscheinlich seit frühester Jugend in den Regionen von Niigata und Tokio neben Stilen des *kenjutsu* und des *kendō* die Stile Ōmori-ryū und Muraku-ryū studiert. Seine endgültige Reife erwarb er jedoch im Süden des Landes, in der Provinz Tosa, deren Schwertkampfschulen ein großes Renommee besaßen. Obgleich er durch Meister Hagaki Taisuke vom Shindō Munen-ryū dort eingeführt wurde, war das alles andere als einfach, da er nicht den Klanen des Südens angehörte. Doch dank seiner beeindruckenden Ernsthaftigkeit und Willensstärke gelang es ihm, Schüler Ōe Masamichi Shikeis vom Geschwisterstil Tanimura-ha zu werden, der bereits eine kraftvolle Vereinheitlichung auf Grundlage aller in der Region von Tosa existierenden Techniken durchgeführt hatte und der um 1920/25 für seine Kunst den Namen Musō Jikiden Eishin-ryū wählte, den alle *sensei* seiner Zeit akzeptierten.

Es erfolgte nun also ein Austausch zwischen dem Shimomura-ha und dem Tanimura-ha. Die Richtung des Austauschs ist nicht in jedem Fall klar nachvollziehbar. Es kann als gewiss angesehen werden, dass Nakayama, der bereits *hanshi* für *kendō* und *jō* (Stockkampf) war, verschiedene Techniken, die er in Tosa erlernt hatte, nach eigenen Vorstellungen überarbeitete und dass nicht alles auf Ōe Masamichi zurückgeht. Der technischen Zusammenarbeit der beiden Männer während der Taishō-Zeit entsprang das Prinzip des Lehrens in drei Stufen:

- *Shōden* (Ōmori-ryū) beziehungsweise die Anfangslehren (1. Stufe). Diese beinhalten zwölf Formen, von denen nur eine im Stehen und alle anderen im Knien ausgeführt werden.
- *Chūden* beziehungsweise mittlere Lehren (2. Stufe). Diese enthalten zehn neue Techniken, die jüngeren Datums sind und die im *tate-hiza* (beziehungsweise *iai-hiza*) ausgeführt werden.

- *Okuden* beziehungsweise Hintergrund-Lehren (beziehungsweise endgültige Lehren), beziehungsweise »geheime« Lehren (3. Stufe). Diese sind komplexer und beinhalten zahlreiche Formen, die mitunter mit Partner ausgeführt werden (8 Formen im Sitzen und 13 im Stehen).

Um 1930 verlieh Nakayama Hakudō, der nach Tokio zurückgekehrt war, auf der Grundlage all seiner Erfahrungen seinem Stil des *iaidō* den Namen, den er nun als den angemessenen empfand: Zunächst Musō Shinden-ryū Battōjutsu und schließlich Musō Shinden-ryū Iaidō. Diese Bezeichnung wurde erst nach seinem Tod durch Vorführungen und die Lehrtätigkeit seiner wichtigsten Schüler allgemein bekannt. In jener Zeit nahm die Praxis des *iaidō* in ganz Japan zu, nachdem die Kunst unter dem Druck der Modernisierung des Landes nur in engen Kreisen weiterbestanden hatte.[14]

Einer der begabtesten Schüler Nakayama Hakudōs, ein echtes Genie des Schwertkampfes, war Okada Morihiro (1893-1984), welcher ebenfalls den Titel eines *hanshi* trug und den Stil Nakayama Hakudōs vielen europäischen Anhängern der Schwertkampfkunst vermittelte, vor allem einigen Franzosen, die in der Folge leidenschaftlich um eine Weitergabe der kodifizierten Formen des Musō Shinden-ryū bemüht waren.

1.2.2.2. Mugai-ryū

Diese Stilrichtung des *iai* wurde um 1695 durch Tsuji Getten Sakemochi (1650-1729) gegründet. Er war der Sohn eines Bauern, und seine ersten Schritte auf dem Weg des *kenjutsu* erfolgten in der Yamaguchi-Schule. Später sollte er ein anerkannter Meister dieses *ryū* werden. 1676 gründete er in Edo ein eigenes *dōjō*, das von Anfang an zahlreiche Schüler anzog. Sein Stil war schon bald von einer Spiritualität durchdrungen, die an die des Hayashizaki Jinsuke erinnerte – er war nicht nur geprägt von der Lektüre chinesischer Klassiker, sondern praktizierte zudem Zen-Meditation.

[14] Es ist denkbar, dass der Aufschwung im Zusammenhang mit der allmählichen Machtübernahme durch das Militär stand.

Man schreibt Tsuji eine Praxis des Schwertkampfes zu, die auf dem Prinzip der Wechselwirkung von Yin und Yang basiert, und deren Ziel kein kriegerisches, sondern ein erzieherisches war, ausgerichtet auf die Entwicklung des menschlichen Geistes beziehungsweise die Verschmelzung von Geist und Technik. Zweifelsohne war ein solch hohes geistiges Ziel, wie es ausdrücklich erklärt wurde, nicht unbedingt das ultimative Erfolgsrezept in einer Epoche, in der die klassischen Formen der Kampfkünste oft auf geradezu exhibitionistische Weise präsentiert wurden, um möglichst viele Schüler anzulocken, die bereit waren, viel Geld für Techniken, die ihnen sensationell erschienen, auszugeben. (Korrupte Meister, die sich vor wundergläubigen Zuschauern geschickt in Szene setzen – das ist keine Erfindung unserer Zeit.) Somit ist das Mugai-ryū durchaus eine Erwähnung wert als einer der Versuche, die Technik des Schwertziehens in eine geistige Disziplin zu verwandeln.

1.2.2.3. Tenshin Shōden Katori Shintō-ryū

Die Techniken des *iai* stellen ebenfalls einen sehr bedeutenden Bestandteil eines Systems der Kampfkünste mit verschiedenen Waffen dar, das seinen Ursprung im Wirken Iizasa Chōisai Ienaos (1387-1488) hat. Dieser zeichnete sich bereits in jungen Jahren auf zahlreichen Schlachtfeldern aus. Später beschloss Ienao, zurückgezogen von seiner Familie leben zu wollen, und begab sich nach Umekiyama, in die Nähe des Tempels Katori. Dieser lag auf dem Gebiet der heutigen Präfektur von Chiba, nördlich von Tokio. Er war Futsunushi, dem *kami* (Gottheit) der Schwerter und des Blitzes, geweiht, und laut Überlieferung wurde der Tempel bereits im 7. Jahrhundert v. Chr. erbaut. An diesem Ort geschah es, dass Ienao nach einer langen Zeit strengster geistiger Disziplin »seine« Vision erhielt, in Gestalt eines Jungen, der plötzlich auf einem Baum saß, in dessen Nähe Ienao ohne Unterlass zu trainieren pflegte. Dieser Junge übermittelte ihm einen Text über kriegerische Strategie und sagte ihm voraus, dass er ein großer Meister des Schwertkampfes sein würde. Nach dieser – klassischen – Erfahrung gründete Ienao seinen eigenen Stil und nannte ihn Tenshin Shōden, in Anlehnung an diese göttliche Unterstützung. – Tenshin Shōden bedeutet »von göttlicher Eingebung«.

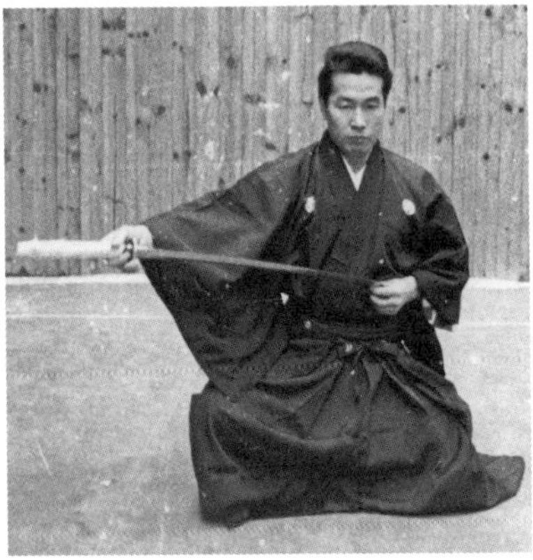

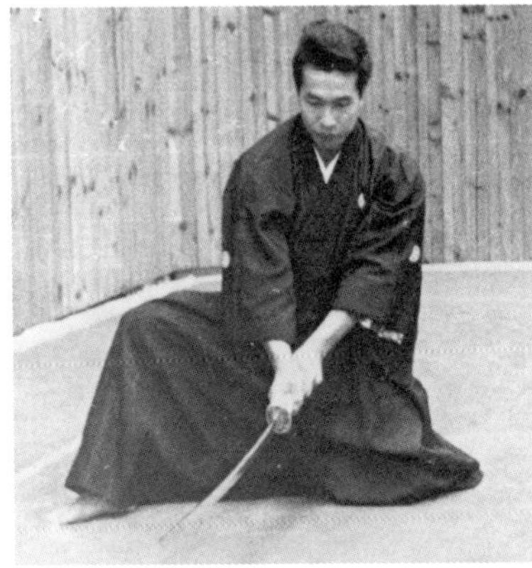

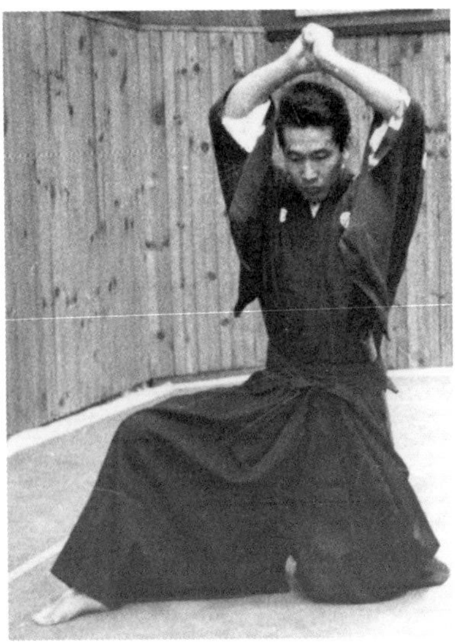

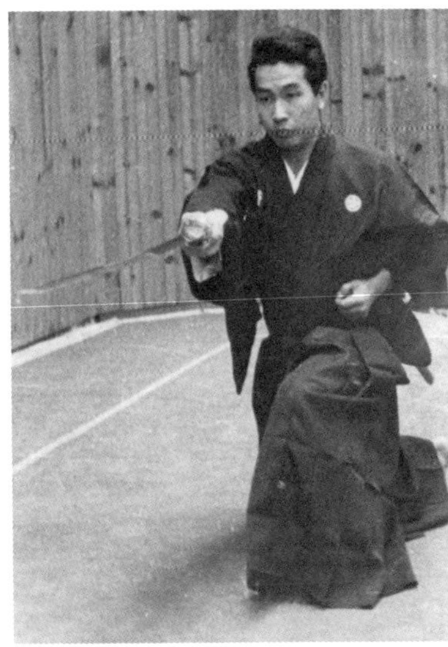

Nach seinem Tode im für jene Zeit erstaunlichen Alter von 102 Jahren hinterließ er einen Kampfstil, der härtestes physisches Training mit einer tiefgründigen spirituellen Suche vereinigte. Seither wird seine Kunst von Generation zu Generation weitergegeben, bis zum heutigen Meister Risuke Ōtake *shihan* (geb. 1926), der im Alter von 42 Jahren das *gokui kaiden*, das heißt, die Kenntnis aller geheimen Prinzipien des Tenshin Shōden erhielt. Er lebt in Narita, nördlich von Tokio. Sein Stil, der 1960 den Titel »Nationaler Schatz Japans« zugesprochen bekam, umfasst verschiedene Kampfkünste:

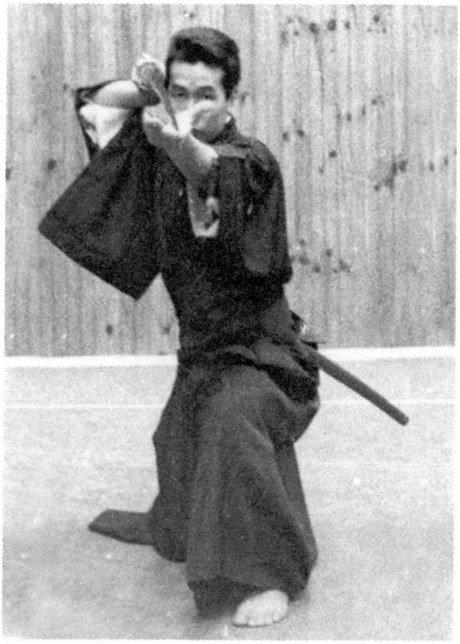 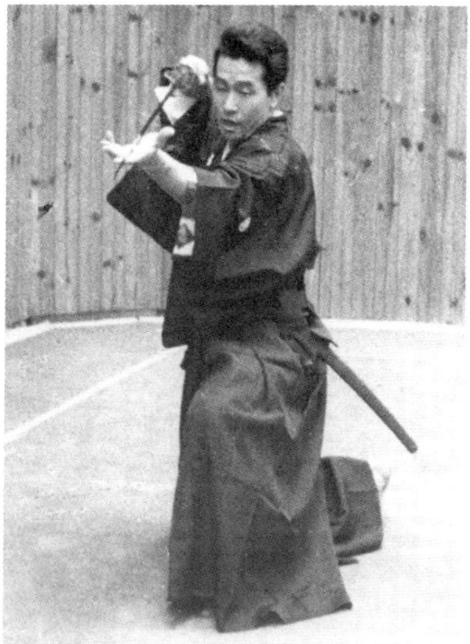

Fotos: Hirō Mochizuki (geboren 1936) war der erste japanische Schwertkampfexpterte, der die Kunst des *iaidō* in Europa vorführte. Die »alten« europäischen *budōka* erinnern sich noch gern an seine vielen eindrucksvollen Vorführungen. Sensei Mochizuki, der heute die französische Staatsbürgerschaft besitzt, war zu jener Zeit Inhaber des 5. Dan der Yoseikan-Schule, die sein Vater Minoru Mochizuki (1907-2003) in Shisouka gegründet hatte. Diese Fotos von Eugène Crespin, die Anfang der 1970er Jahre entstanden sind, zeigen Phasen der *kata* des *iaidō* vom Tenshin Shōden Katori Shintō-ryū. – Siehe die vollständige zeichnerische Darstellung von neun der Formen im Anhang ab Seite 155.

Iaijutsu, bōjutsu, kenjutsu, naginatajutsu, ninjutsu, shurikenjutsu und andere. Noch heute tritt man dieser traditionellen und nichtöffentlichen Schule bei, indem man mit dem eigenen Blut unterzeichnet – wie es das *Keppan*-Ritual verlangt. Als Kampfkunst, die sich auch weiterhin als klassisch versteht, gibt es im Tenshin Shōden Katori Shintō-ryū keine Graduierungen – das System der Graduierungen entstand in der Edo-Zeit –, und seine Vertreter nehmen an keinerlei Meisterschaften teil. Auch die Zahl der Praktizierenden wird in dieser Schule nicht als wesentlich angesehen – das Wesentliche ist und bleibt die Intensität des Trainings. All diese erklärt, warum man über diesen Stil, der über eine solch selten gewordene Authentizität verfügt und in dem die Qualität über die Quantität gestellt wird, nur wenig hört.

Eines der Merkmale des *iaidō* der Katori-Schule ist die tiefe Ausgangsstellung – im Knien und auf den Fersen hockend, mit eingebeugten Zehen (*iai-goshi*). Diese Haltung ist Grundlage für eine hohe Beweglichkeit und entspringt unmittelbar realistischen Kampftechniken.

Im Anhang dieses Buches findet sich die zeichnerische Darstellung von neun der ersten zehn *kata* dieser klassischen und alten Version des *iaidō*, die es verdient, nicht völlig in Vergessenheit zu geraten im Schatten der neuen kodifizierten *kata* des Zen Nippon Kendō Renmei.

1.2.2.4. Takenouchi-ryū

Diese Schule des Kampfes mit bloßer Hand und mit kurzen Waffen wird als älteste noch bestehende Stilrichtung des *jujutsu* betrachtet. Man findet sie auch unter den ursprünglichen Bezeichnungen Hisamori-ryū, Takeuchi-ryū, Kogusoku-ryū (oder Torite-Kogusoku). Das Werk Densho Kogo-den (Takenouchi-kei-sho-kogo-den), welches von ihren Meistern der zweiten und dritten Generation verfasst wurde, enthält eine Darstellung der Geschichte und der Tradition des Stils. Takenouchi Nakatsukasa Hisamori (ca. 1502 bis 1553 oder bis ca. 1595), der Gründer, war der Herr der kleinen Burg von Ichinose in Sakushu, gelegen in der Provinz Mimasaku (in der heutigen Präfektur von Okayama). Er schuf ein originelles Kampfsystem, in welchem man sowohl Formen mit Waffen als auch ohne Waffen findet. Laut Überlieferung geschah dies im Jahre 1532, aber einiges spricht dafür, dass das System erst 1538 entstand. Hisamori hatte seinen Stil in den letzten Jahren einer von unaufhörlichen Kriegen gekennzeichneten Epoche, die als Sengoku-jidai, die »Zeit der streitenden Reiche«, bezeichnet wurde, entwickelt. Wie viele andere Meister seiner Zeit wurde sein Kampfsystem durch seine eigenen Erfahrungen auf dem Schlachtfeld geprägt.

Hisamori war von eher kleinem Wuchs. Viele Samurai trugen damals das *ōdachi*, das Langschwert. Hisamori tat es ihnen gleich, aber seine Freunde sprachen von ihm als einem »Langschwert, das mit einem kleinen Mann spazieren geht, der an ihm befestigt ist«. Es mangelte ihm jedoch weder an Geschicklichkeit noch an Mut. Aufgrund seiner Körpergröße bevorzugte er den Umgang mit dem *kodachi*, dem Kurzschwert.

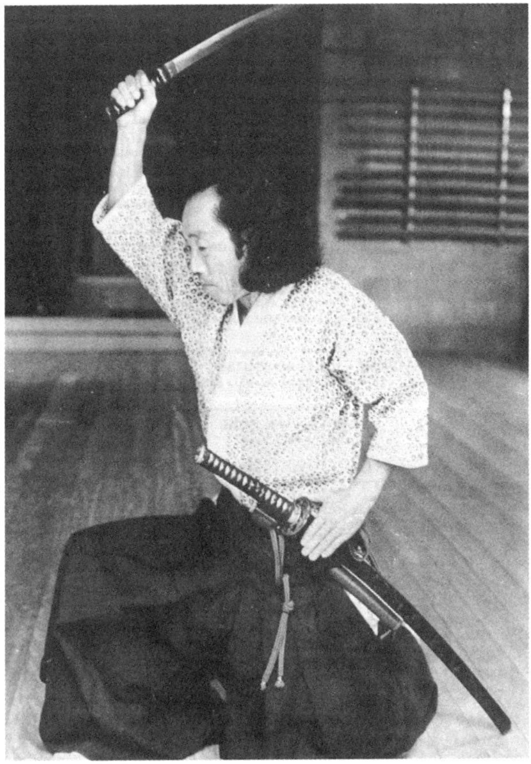

Takenouchi Tōichirō Hisanori *sensei*, der 13. *sōke* des Stils, beim Vorführen einer Form des *iaijutsu* mit dem Kurzschwert (*kodachi*). Die traditionelle Schule des Takenouchi-ryū lehrt im Unterschied zum modernen *iaidō* das Schwertziehen für zwei Schwerter, die zusammen getragen werden (*daishō*).

Sein Stil beruhte auf dem Einsatz des Kurzschwertes und eines Strickes, den er um die Hüften gewickelt trug. Darauf beruht auch der Name seiner Schule – Koshi-no-mawari, »um die Hüften gewickelt«; der Begriff *jujutsu* war damals noch nicht bekannt. Katayama Hisayasu, der mitunter als sein jüngerer Bruder, mitunter als einfacher Schüler angesehen wird, gründete hingegen den Stil Katayama Hoki-ryū, einen *Iai*-Stil mit einem sehr langen Schwert.

Die Legende berichtet, dass Hisamori im Tempel von Sannomiya eine Offenbarung erhielt. Dorthin hatte er sich zurückgezogen, um sich in der Einsamkeit intensiv im Umgang mit dem *bokken*, dem Holzschwert, und dem *jō*, einem Stock, zu befassen. Sieben Tage und sieben Nächte lang bürdete er sich ein nahezu übermenschliches Trainingspensum auf und schlug mit dem *bokken* bis zur völligen Erschöpfung auf die Bäume ein. Schließlich fiel er in einen tiefen Schlaf, über seiner Waffe zusammengesunken. Plötzlich hatte er eine seltsame Vision. Er konnte später nicht sagen, ob er geträumt hatte, oder ob die Erscheinung, der er sich unverhofft gegenüber sah, real war: Ein Yamabushi, ein Kriegermönch aus den Bergen mit grauem Haar, erklärte ihm, dass er im Kampfe viel effektiver sein würde, wenn er die Länge seines *bokken* um die Hälfte verringern würde, und er zeigte ihm wunderbare Techniken mit bloßer Hand, durch die ein Schwächerer mit Leichtigkeit einen Stärkeren besiegen konnte. Auf diese Weise lernte Hisamori fünf Techniken, die in der Geschichte seines Stils unter der Bezeichnung Shinden-torite-gokajo überliefert wurden. Im Morgengrauen verschwand der geheimnisvolle Mönch.

Es war, als hätten die Götter Hisamori die Hand gereicht, um ihn für seine Mühen zu belohnen. Unter dem Eindruck des mysteriösen Helfers nannte er sich von nun an Takenouchi Tōichirō. Er war 30 Jahre alt, als er seine Schule gründete. Der grundlegenden Form des Takenouchi-ryū entsprangen schon bald zahlreiche abgeleitete Formen, vor allem für *bōjutsu*, *naginatajutsu* und *iaijutsu*. Besonders letzteres ist sehr interessant: Takenouchis *iaijutsu* ist für das Schwertpaar, *daishō*, ausgelegt. Die Übungen werden sowohl mit dem Kurzschwert als auch mit dem Langschwert ausgeführt.

Takenouchi starb im Alter von 51 Jahren – wenn auch manche Quellen ein Alter von 93 Jahren angeben –, nachdem er seine Kunst zahlreichen Mitgliedern seines Klans vermittelt hatte. Sein ältester Sohn Takenouchi Kaganosuke Hisayoshi schuf einen eigenen Stil, den Takenouchi Une-ryū. Takenouchi Hitachinosuke (Hitachinokami) Hisakatsu, der Zweitgeborene, der sich als außerordentlich begabt erwies, entwickelte im Alter von 20 Jahren das Hissho-gokajo – »fünf Prinzipien für den unausweichlichen Sieg«. Danach begab er sich auf die Suche nach dem »Weg«, *musha-shugyō*, eine Reise durch ganz Japan, auf der er zahlreiche Krieger herausforderte und sich mit ihnen im Zweikampf maß. Seine Erfahrungen auf dieser Reise schrieb er nieder. Er gab seinen Aufzeichnungen den Titel Hakkajo-no-koto (Taryu-kachi-no-kata) – »Über die acht Prinzipien«. Im Jahre 1620 hatte er das Privileg, die Kunst des Takenouchi-ryū vor dem Kaiser

Gomizuno zu demonstrieren. Der Kaiser verlieh ihm den Titel Hinoshita-torite-kaizan, »Gründer der höchsten und unvergleichlichen Kampfkunst«, und er gestattete es den Anhängern dieser Kunst, purpurfarbene Schnüre – Purpur war die kaiserliche Farbe – für die Ausübung des *hojōjutsu*[15] zu verwenden, Fesseltechniken mittels zwei Schnüren.

Takenouchi Hisakatsus Wirken wurde durch dessen ältesten Sohn, Takenouchi Kaganosuke Hisayoshi, fortgeführt. Jener wurde ein Freund Miyamoto Musashis, eines der berühmtesten Meister des Schwertkampfes in der Geschichte Japans. Hisoyashi erhielt wie bereits sein Vater nach einer Demonstration vor dem Kaiser Reigen im Jahre 1663 von diesem den Titel Hinoshita-torite-kaizan. Der berühmteste unter seinen sehr zahlreichen Schülern war Takagi Umanosuke, der zweite *sōke* des Takagi-ryū. Ursprünglich nicht weniger als 630 Techniken wurden jeweils vom Vater an den Sohn weitergegeben, eifersüchtig gehütet, bis zum 14. Nachkömmling, Takenouchi Tōichirō Hisamune, der die Linie heute vertritt. Allerdings hat sich die Zahl der gelehrten Techniken inzwischen auf 150 verringert.

Zu den zahlreichen Stilen, deren Wurzeln sich bis zum Takenouchi-ryū zurückverfolgen lassen, zählen: Rikishin-ryū, Sosuishitsu-ryū, Takenouchi Santo-ryū, Fusen-ryū, Takagi-ryū, Katayama Hoki-ryū, Enshin-ryū, Yano-ryū, Nanba Ippo-ryū und Araki-ryū.

1.2.3. Iaidō oder iaijutsu?

Es ist unmöglich und würde zudem den Rahmen dieses Buches sprengen, all die alten Schulen des *jujutsu* anzuführen, in denen, wie im Takenouchi-ryū oder im Takeda-ryū die *Iai*-Techniken Teil eines größeren Repertoires waren. Das gleiche gilt für neuere Formen, die parallel zu den älteren, als traditionell angesehenen, praktiziert werden. Solche neueren Formen sorgen regelmäßig für leidenschaftliche Debatten unter »Puristen« und haben auch zwischen Experten, ja zwischen ganzen Verbänden, bereits zu viel Streit geführt.

[15] *Hojōjutsu*: Fesseltechniken.

So wurde 1873 das Toyama Gakkō gegründet, eine Spezialschule für das Training von Kampfkünsten für die Mitglieder der neuen kaiserlichen Meiji-Armee. Dies führte schließlich 50 Jahre später zur Entstehung des Toyama-ryū. Diese moderne Schule praktiziert eine Form des *iai* mit dem modernen Armeeschwert, welches sich in seiner Form etwas vom klassischen *katana* unterscheidet. Diese Methode des Schwertziehens, die unter verschiedenen Gesichtspunkten recht originell ist, wird als *gunto-soho*, die Lehre über den Umgang mit dem Militärschwert, bezeichnet. Es gibt darin lediglich sieben Techniken, die im Stehen praktiziert werden (*tachi-iai*), und die hauptsächlich von Experten geschaffen wurden, die im Ōmori-ryū ausgebildet wurden. Einer der wichtigsten Experten des Toyama-ryū war Nakamura Taisaburo (1911-2003), der nach 30 Jahren der Praxis seinen eigenen Stil, den Nakamura-ryū beziehungsweise Nakamura-Battōjutsu, gründete. Auch werden alle Techniken aus dem Stand heraus ausgeführt, im Unterschied zum *seitei-iai* oder zum Katori Shintō, bei denen ein bedeutender Teil der Techniken aus *Seiza*-Positionen heraus ausgeführt wird. Nakamura hat in seinen Stil acht Schnitttechniken (*happo-giri-no-tosen*) aufgenommen. Sein Trainingssystem wurde ergänzt durch häufig stattfindende reale Schnitttests (*tameshi-giri*) an Bambusstangen oder an Reisstrohbündeln. Dies lässt deutlich erkennen, dass Nakamura der realen Anwendbarkeit der Techniken in seiner Praxis einen hohen Stellenwert beimaß. Was natürlich Anlass zu Debatten gibt …

Viele der heutigen Experten haben die Ansichten Nakamura Taisaburos übernommen und betonen, dass das *iai* in seiner Ausprägung als »*dō*«, wie es heute zunehmend praktiziert wird, sich in großen Schritten von seinen Ursprüngen entfernt, bei denen das Element des »*jutsu*« dominierte. Soll es also um einen »Weg« oder um die »Technik« des Kampfes gehen?

Immer wieder kommt es hierüber zu großen Unstimmigkeiten. Nicht zuletzt führten die Diskussionen dazu, dass eine Anzahl von bekannten Meistern sich im Zen Nihon Kendō Renmei (heute Zen Nippon Kendō Renmei) zusammenschloss und das *seitei-iai* schuf. Dies zeigte, dass trotz aller Unstimmigkeiten ein gemeinsames Ziel erreicht werden konnte. Dennoch gibt es immer wieder auch bei diesen *kata* verschiedene persönliche Interpretationen, und immer wieder gibt es Puristen, die sich offen gegen das Durcheinanderbringen von Stilrichtungen aussprechen.

Die Haltung Nakamura Taisaburos zu alledem war eindeutig, und seine Kritik sehr schwerwiegend: Das *iaidō*, wie es heute ausgeübt wird, sei nichts weiter als ein Zugeständnis an das Verlangen des breiten Publikums. Man sei dermaßen von der »korrekten Form« und vom übertriebenen Streben nach äußerlicher Harmonie »besessen«, dass man zwar zu etwas sehr Ästhetischem gekommen sei, doch zugleich zu etwas sehr Künstlichem, das mit dem Streben nach Effektivität in einem realen Kampf nur noch wenig zu tun habe. Das Streben nach Harmonie und Ästhetik habe nach und nach den eigentlichen Sinn der Techniken verändert. Die Tatsache, dass weder *tameshi-giri* noch *sotai* (Partnertraining wie im *kenjutsu*) praktiziert werde, führe auf einen Irrweg und letztendlich auch zu einer Steigerung des Ego, denn es sei wahrscheinlich, dass die *kata*, wenn sie im Übermaß allein praktiziert werde, schon bald mit dem Ziel ausgeführt werde, andere zu beeindrucken …

Seiner nüchternen und wenig gefälligen Analyse fügte Nakamura konkrete Argumente bei: Es reiche bereits aus, sich die vier Grundtechniken *nuki-tsuke*, *kiri-tsuke*, *chiburi* und *noto* (für die Beschreibungen, siehe das 2. Kapitel dieses Buches) anzuschauen, wie sie im heutigen *iaidō* praktiziert werden, um zu erkennen, dass er recht habe:

- *Nuki-tsuke* (das Schwertziehen): Diese Technik werde zu langsam ausgeführt, so dass es keinen Zusammenhang mit dem Hauptziel des *iaidō* mehr gebe, welches darin bestehe, so rasch wie möglich zu ziehen.
- *Kiri-tsuke* (der Schnitt): Diese Technik werde auf zu weite Weise ausgeführt. Die Harmonie der Bewegung dominiere, so dass sie nicht kraftvoll genug sei, um einen tiefen Schnitt anzubringen.
- *Chiburi* (die Reinigung der Klinge, nachdem der Gegner außer Gefecht gesetzt wurde): Auch wenn diese Bewegung zweifelsohne harmonisch wirke, so sei weder die knappe noch die weite Version in irgend einer Weise mit der Realität auf dem Gefechtsfeld verbunden, da die Krieger von einst lediglich die Methode der Reinigung mit einem saugfähigen Papier (*washi*) kannten.
- *Noto* (das Schwert wieder in die Scheide stecken): Dies geschehe oft viel zu schnell, um die Geschicklichkeit zu beweisen, während der *bushi* dies mit kalkulierter Langsamkeit zu tun pflegte, jederzeit bereit, das Schwert erneut einzusetzen.

Und Nakamura wurde nicht müde, immer wieder freie und geradezu phantastische Interpretationen der Techniken anzuprangern. – Letztendlich handelt es sich hier um ein Beispiel für den ewigen Streit zwischen dem Alten und dem Neuen, wie es ihn überall in den Kampfkünsten gibt. Die Frage ist immer die gleiche: Was ist wirklich eine »klassische Kunst«? Welche Kriterien gelten? Was ist ihr Ziel? Welches sind die Prioritäten? Wo liegen die Wurzeln? – Überall gibt es diesen Widerspruch zwischen dem Streben nach innerer und äußerer Harmonie (siehe weiter hinten) und dem nach Effektivität. Wird dies falsch verstanden, führt dies allzu oft bei den Praktizierenden einer Kampfkunst dazu, dass ihre Bewegungen sinnentleert werden oder dass Sie am »Syndrom des kleinen Samurai«[16] leiden. Solches sind die nachteiligen Ergebnisse einer oberflächlichen Praxis.

Bei genauerem Hinsehen zeigt sich aber, dass allem Anschein nach die Diskussionen über den Widerspruch zwischen dem *»dō«* und dem *»jutsu«* letztendlich fruchtlos sind. Es ist nur eine »schmale Pforte«, die zur echten Dimension, zum tiefsten Sinn aller authentischen Kampfkünste auf der Welt führt. Und auf diesen Zugang gilt es sein Augenmerk zu richten. Aller Streit findet stets auf der (niedrigen) Ebene derer statt, die diese Pforte für sich noch nicht entdeckt haben. Dabei stellt sich allerdings auch die Frage, ob sie aufrichtig danach gesucht haben, ob sie tatsächlich in der Lage sind, sie zu erkennen … Man muss es sich verdienen, diesen Zugang zu finden. Hat man ihn jedoch einmal gefunden, dann hat man das Gebiet betreten, in dem der *»dō«* das logische Ergebnis des *»jutsu«* ist, das heißt, der nach Effektivität strebenden Technik. Es gilt hier nun vor allem darauf achtzugeben, dass man nicht durch Verirrungen des Denkens den Sinn für die Wirklichkeit verliert: Eine Kampfkunst muss immer eine Kunst des Kämpfens bleiben. In jedem Moment muss es möglich sein, das *»dō«* wieder zum *»jutsu«* werden zu lassen.

Der Weg der Kampfkünste ist tatsächlich sehr schmal. Auf der einen Seite dieses Weges kann es geschehen, dass man sich in Träumereien verliert,

---

[16] So wie dies der Autor Malcom Tiki Shewan auf humorvolle Weise in seinem Werk »Iai: L'Art Du Sabre Japonais – the Art of Japanese Swordsmanship«, herausgegeben vom europäischen Iaidō-Verband (1983), dargestellt hat.

und auf der anderen droht die Gefahr, in den Bann paranoider Kampfphantasien zu geraten.

Für das *iaidō* stellt sich die Frage, wie man es ohne echte Klinge erreichen soll, ein Gefühl für einen wirklichen Schnitt (*tameshi-giri*) zu bekommen, und wie ein Gefühl für den Abstand (*ma-ai*) und das Timing, wenn man nicht von Zeit zu Zeit mit einem Partner trainiert. Auch wenn es Übungsschwerter gibt, die zumindest der Form nach dem echten *katana* gleichen und wenn auch vieles über die Vorstellungskraft möglich ist – Authentizität ist etwas anderes.

Die Praxis des *iaidō* fördert wie vielleicht keine andere Form des *budō* ein großes Maß an Wachsamkeit und an beständiger Ernsthaftigkeit, damit Harmonie und Effektivität einander nicht zum Nachteil gereichen. Und sie fördert eine Bescheidenheit, von der nicht wenige der heutigen Kampfkünste sich durchaus inspirieren lassen könnten. Und mehr als bei jeder anderen Kampfkunst geht es um die Grundfrage, die überall im *budō* im Raum steht: Lässt das geistige Erwachen, das angestrebt wird, die Fähigkeit zum realen Kampf bestehen? Oder anders ausgedrückt: Fließt die Effektivität des »*jutsu*« automatisch in die Harmonie des »*dō*« ein, und welches Maß an Verständnis und an Praxis muss erreicht werden, damit dies für einen selbst wie für andere offensichtlich wird?

夢想神伝流	大森流	制定居合
Musō Shinden-ryū	Ōmori-ryū	Seitei-iai

In seiner Scheide ist das Schwert ein Schatz.
Japanisches Sprichwort

1.3. Sich selbst angreifen

Der Leser wird an dieser Stelle bereits verstanden haben, dass das *iaidō* mehr ist als nur »die Kunst, das Schwert zu ziehen«. Jenseits der Technik ist *iaidō* ganz offenkundig von einem hohen Maß an Geistigkeit durchdrungen, die den Praktizierenden dieser Kunst von Anfang an beschäftigt. So deutlich ist das in anderen Kampfkünsten selten der Fall, doch genau das ist auch die Quelle für etliche Zweideutigkeiten. Die Präsenz einer blanken und scharfen Klinge steht für ein Streben nach hochpräziser Effektivität und eindeutiger Zweckbestimmtheit. Doch das Nichtvorhandensein eines realen Gegners, der von dem geschmeidigen Gleiten der Klinge durch die Luft betroffen wäre, unterstreicht ebenfalls die Abwesenheit eines äußeren »Feindes« und damit die Wichtigkeit der Suche für sich allein. Denn das Ziehen der Klinge mit einer flüssigen Bewegung birgt die Absicht in sich, sowohl dem Gegner einen Schnitt zuzufügen als auch dem eigenen Ego, um auf diese Weise das wahre Selbst zu enthüllen. Damit findet die Praxis auf zwei Ebenen zugleich statt, die trotzdem eine Einheit bilden.

Wie alle Kampfkünste besteht das *iaidō* aus drei Elementen: Das erste betrifft das Körperliche (*tai*) – die Arbeit an der Haltung, die physische Energie –, das zweite die Technik (*gi* oder *waza*) und das dritte das Geistige (*shin*). Doch während in anderen *Budō*-Künsten, vor allem in jenen, die sich rasch in eine sportliche Richtung entwickeln, die ersten beiden die Bedeutung des dritte Elements auf einen minimalen Anteil reduzieren, ist es im *iaidō* allgegenwärtig, und dies gilt für den Anfänger wie für den Fortgeschrittenen. Auf diese Weise gibt es keine Zweideutigkeit: Den Weg des »*iai*« zu wählen bedeutet, sich von Anfang an auf eine großartige geistige Arbeit einzulassen, neben der das Streben nach Effektivität der Technik nichts Zwanghaftes an sich hat. Hierbei sollten jedoch die Einwände gegen moderne Formen, die – wie weiter vorn erwähnt – von Seiten verschiedener traditioneller Schulen erfolgten, nicht außer Acht gelassen werden.

Worum geht es bei der inneren Suche? Was will man eigentlich finden auf dem Wege eines intensiven und ermüdenden Trainings, hinter diesen

Bewegungen, deren Zweckbestimmtheit doch offenkundig ist? – Die Antwort lautet: Sich selbst, oder genauer das innerste »Selbst«, das durch das oberflächliche »Ich«, das Ego, verdunkelt wird. Um nichts weniger geht es. Das ist der Grund, weshalb man vom *iaidō* als einer Methode, »sich selbst anzugreifen«, oder »das Ego zu schneiden«, sprechen kann. Der Praktizierende lernt, sein Selbst zu beherrschen – durch die intensive Konzentration selbst auf die am unbedeutendsten erscheinenden Gesten, durch die Kontrolle der Bewegung, die Arbeit mit dem Atem, die Vorstellungskraft, die Erzeugung eines Rhythmus in den Arabesken der Bewegungen des Schwertes, der in seinem tiefsten Innern widerhallen wird und durch das Erleben des Raumes – des Gefühls für den Abstand – und der Zeit – des Gefühls für das Timing. Und durch diese Selbst-Beherrschung wird er fähig, den potentiellen Gegner zu beherrschen. Der Feind ist somit zuallererst und über lange Zeit hinweg in einem selbst zu finden.

Das *iaidō* bedeutet aber auch, auf verschiedene Weise schneiden zu lernen, um das einzige zu entdecken, was wirklich wichtig ist im Kampf wie im Alltagsleben: Die Einheit von Körper und Geist in der Tat als wahre Quelle der Effektivität in allen Dingen. Das wird von sämtlichen *Budō*-Künsten angestrebt, aber auch vom Menschen im Allgemeinen, selbst, wenn er sich dessen oftmals nicht bewusst ist. Solch ein Bewusstwerden stellt den Beginn einer Art Wiedergeburt des Individuums dar, aus dem tiefsten Wesensgrund heraus. Eine richtig verstandene und gelebte Kampfkunst wird genau dies anstreben und somit ihre »erzieherische« Berufung vollkommen erfüllen. Wer sich selbst auf solche Weise entdeckt, entdeckt auch den anderen und erkennt, dass es im Universum als Ganzem keine wirkliche Trennung zwischen sich selbst und dem anderem gibt. Indem er den Kampf mit sich selbst beendet, setzt er auch der Gefahr des Kampfes mit einem anderen ein Ende. Dies alles erscheint zunächst als eine seltsame Reise ins eigene Innere, aber tatsächlich ist genau dies er Daseinsgrund für alle Kampfkünste, die diese Bezeichnung verdienen. Sie stellen die Unterstützung und das technische Gerüst für einen tiefgründigen inneren Wandel dar.

Ich habe in all meinen Schriften immer wieder betont, dass diese Zweckbestimmung es ist, die das offenkundige gewalttätige Element in den traditionellen Kampfkünsten in der heutigen Welt rechtfertigt. Und ich habe nie aufgehört, die Verirrungen der letzten Jahrzehnte anzuprangern – das Ergebnis von übermäßiger Versportlichung, von Ruhmbegierde und Ego-Kult und vom Krämergeist verantwortungsloser Menschen, die ein so wertvolles kulturelles Erbe unablässig und ungestraft ruinieren. Das *budō*, wie es von den alten Meistern überliefert wurde, muss zuallererst ein Ruhepunkt bleiben, in dessen Umfeld jeder Mensch Antworten auf grundsätzliche Fragen finden kann, indem er sein Ego transzendiert. Echtes budō befähigt seine Adepten, die Herausforderung, die das Leben darstellt, anzunehmen.

Das *iaidō* verdeutlicht dieses Streben durch seine »physische« Knappheit und Nüchternheit auf vollendete Weise. Es drückt die Reinheit der wahren Kampfkunst aus. Das ist der Grund, weshalb es wie das *kyūdō* (Bogenschießen) sehr gut zur Ethik des Zen passt: Am Ende des Suchens steht die Entdeckung (*satori*) des reinen, leeren Geistes, des Ursprungs (*mushin*). Doch dies lässt sich natürlich nicht aus einem Buch lernen. Jeder Versuch einer Methodik auf diesem Gebiet würde sich schon bald in leere Phrasen verwandeln. Was zählt, ist ausschließlich die Praxis in einem im richtigen Geist eingerichteten *dōjō*.

Aufgrund der Einfachheit der äußeren Hülle, der Techniken, ist es im *iaidō* leichter als in anderen *Budō*-Künsten, sich auf den Inhalt zu konzentrieren. Innere Sammlung, Reinheit, Authentizität, Demut und Zweckfreiheit der Handlungen sind die besten Bedingungen, Erfolg zu haben bei der »großen inneren Wandlung« des Menschen. Das *iaidō* entspricht all dem in hohem Maße. Somit erscheint das ehrgeizige Ziel nicht unangemessen. Und auf diese Weise erlangt im *iaidō* das Schwert, das ursprünglich zum Zerstören geschaffen wurde, schöpferische Kraft.

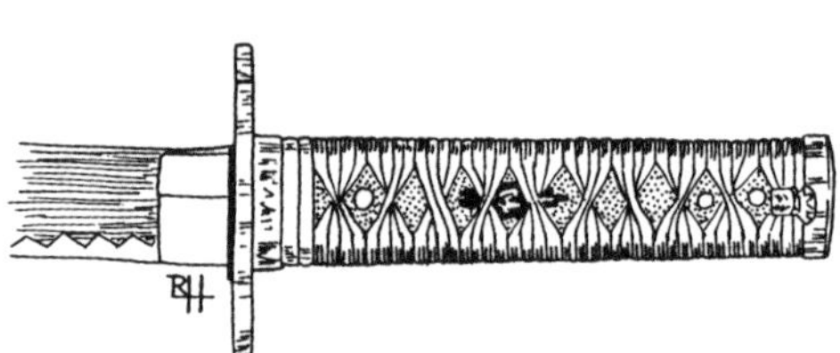

2. Kapitel

Die Technik: Zen Nippon Kendō Renmei Iai

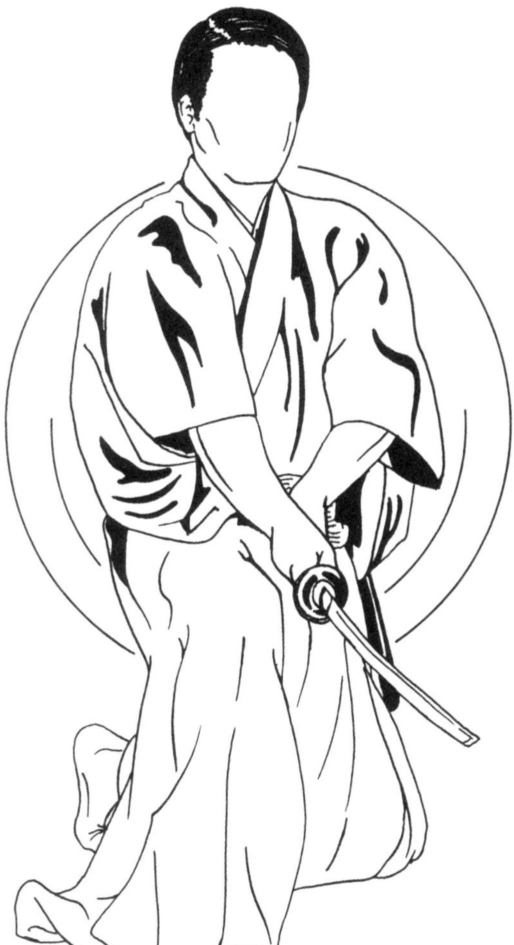

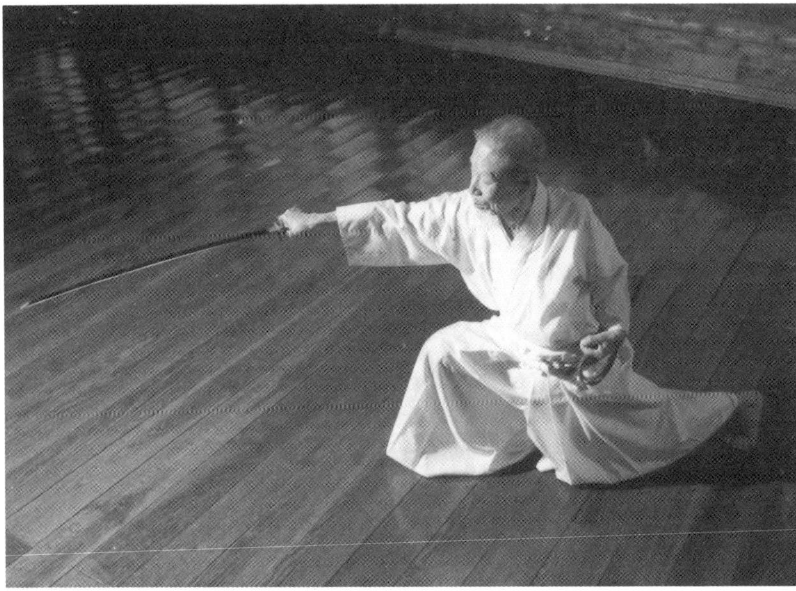

Tsumaki Seirin Genshin (1905-2007) war der 14. *sōke* des Tamiya-ryū *iaijutsu*. Nach seinem Tod wurde sein Sohn Tsumaki Kazuo Genwa zum 15. *sōke* des Stils ernannt. Das Tamiya-ryū wurde zu Beginn des 17. Jahrhunderts durch Tamiya Heibei Shigemasa vom Musō Jikiden-ryū gegründet. Eine Besonderheit dieses Stils ist die Benutzung von Schwertern, deren Griffe (*tsuka*) länger waren als sonst üblich (*nagatsuka-no-katana*).

2.1. Die Elemente

2.1.1. Die Stellung (physische Elemente: tai)

Wie für alle anderen Kampfkünste gilt auch für das *iaidō*, dass die Grundlage jeglicher korrekten Übung eine »richtige« Haltung des Körpers ist. Dies ist die Voraussetzung dafür, dass die innere Energie im Praktizierenden aufsteigt und nach außen wirksam wird. Ohne diese sind alle Bewegungen nur leere Gesten.

Die Beine müssen einen festen Stand haben, und der Körper muss sich in jedem Moment im Gleichgewicht befinden. Die Hüften und die Schultern müssen flexibel sein. Die Hände müssen korrekt auf dem Schwertgriff platziert sein. Besonderes Augenmerk gilt dem *hara*, einem Bereich in der Bauch- und Beckenregion (*hara*: der Bauch). Genau genommen handelt es um den *seika-tanden* oder *kikai-tanden* (vom Chinesischen *qi-hai* – Meer des Atems) oder auch *tanden*, einen immateriellen Punkt einige Zentimeter unterhalb des Nabels und ein wenig innerhalb des Körper gelegen, den die östlichen Meister als Kraftzentrum des Menschen ausgemacht haben. Aus ihrer Sicht ist es wesentlich, sich dieses Punktes bewusst zu sein, um die innere Energie zu aktivieren und zu kontrollieren. Ohne diese Energie sei alle Muskelkraft unzureichend. Dieser Punkt wird als Quelle der Vitalenergie *ki* angesehen, während man ihn im Westen eher als Körperschwerpunkt betrachtet. Auch in diesem Zusammenhang unterscheiden sich die Konzepte des *iaidō* nicht von denen anderer *Budō*-Künste.

Die beste Methode, eine korrekte Haltung des Beckens zu erreichen, besteht darin, sich im Kniesitz auf den Fersen niederzulassen. Diese Position wird von den meisten Kampfkünstlern als *seiza* (Bildtafel A1) bezeichnet, von den Anhängern des Zen als *zazen* und von den *Iaidō*-Praktizierenden als *tate-hiza* oder *iai-hiza* (Bildtafeln A2 und A3). Das Prinzip ist überall das gleiche: Der Oberkörper ist aufrecht, das Becken leicht nach vorn gekippt – man »schiebt« auf Ebene des fünften Lendenwirbels –, das sollte mit der Vorstellung verbunden sein, mit dem Kopf den Himmel nach oben zu schieben und mit den Knien den Boden nach unten. Die Wirbelsäule ist gerade, das Kinn leicht zurückgezogen. Auf diese Weise stellt der Mensch eine Verbindung zwischen Himmel und Erde dar. Dies ist ein

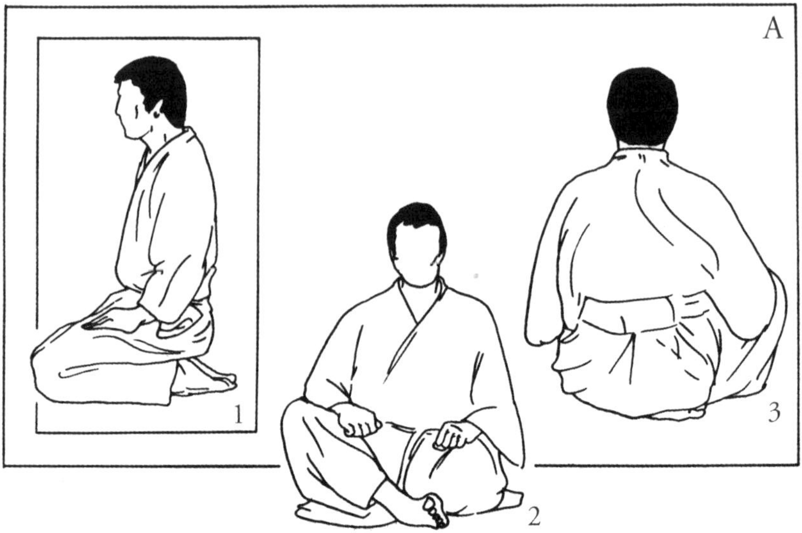

altes Bild aus der chinesischen Symbolik, und man findet es in ähnlicher Gestalt auch in den japanischen Kampfkünsten. Das Bindeglied zwischen Himmel und Erde, zwischen Körper und Geist, ist besagter Punkt, dessen man sich beim Üben wie auch bei der Sitzmeditation bewusst werden will. Auf diese Weise kommt dem Bereich des *hara* auch ein spiritueller Aspekt zu, den der *budōka* durch das *haragei* (»die Kunst des Bauches«) zu entwickeln sucht.

Die korrekte Haltung muss außerdem eine bestimmte Körperspannung gewährleisten – so, als ob diese vollständig im *tanden* konzentriert sei. Diese Spannung darf jedoch nicht übermäßig sein, das heißt, sie darf nicht mit einer Kontraktion verbunden sein, die der Geschmeidigkeit des Körpers und der Flexibilität des Geistes abträglich wäre. Andererseits wäre eine allzu große Entspannung ein Zeichen geistiger Schlaffheit. Die »richtige« Spannung zeigt sich auch im Blick (siehe weiter hinten).

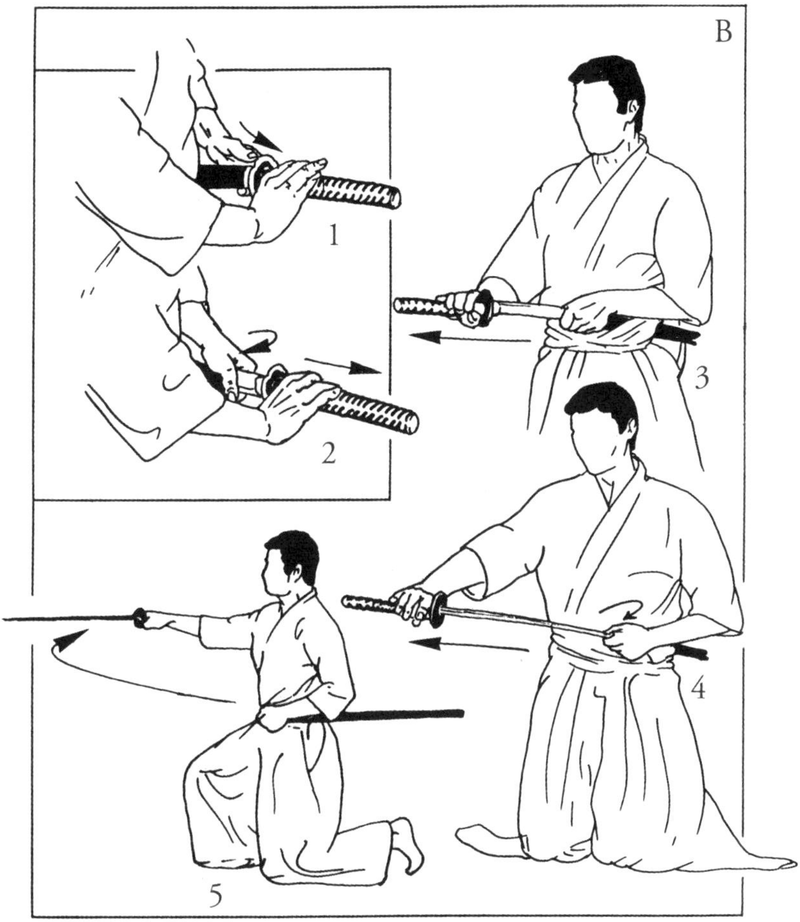
B
1
2
3
4
5

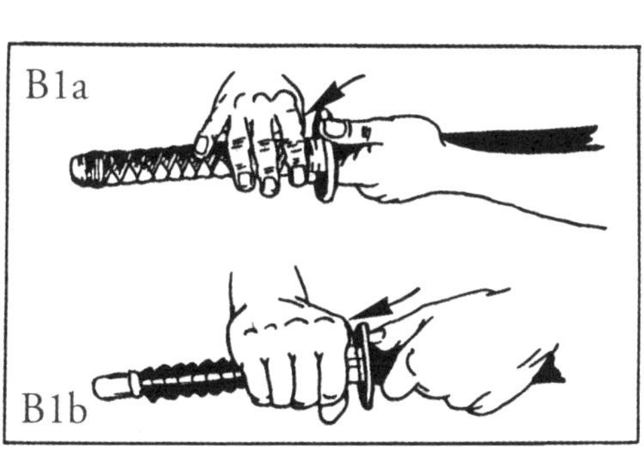
B1a
B1b

2.1.2. Das kihon (technische Elemente: gi)

Jede *kata* (Form) des *Zen Nippon Kendō Renmei Iai* (beziehungsweise des *seitei-iai*) wird auf acht »Takten« ausgeführt, deren wesentliche Punkte wir herausarbeiten wollen, bevor wir mit der Beschreibung der zwölf Formen beginnen. Diese Phasen sind in der angegebenen Reihenfolge die folgenden:

2.1.2.1. Koiguchi-no-kiri-kata – das Schwert aus der Scheide ziehen

Die Hände werden leicht ans Schwert gelegt, das mit der Klinge nach oben auf der linken Seite getragen wird. Die linke Hand schließt sich um das *koiguchi*, die Öffnung der Scheide, der Daumen ruht auf dem *tsuba*, dem Stichblatt.[17] Die rechte Hand liegt auf dem *tsuka* (Griff), mit den Fingern nach links (B1, B1a). Man löst nun den *habaki* genannten Verschluss, ein Metallteil, das sich an der Basis des *tsuba* befindet und das dafür bestimmt ist, die Klinge in der Scheide zu blockieren. Dies geschieht mit einer knappen Bewegung des linken Daumens (B1b), bei der dieser auf dem *tsuba* leicht nach außen drückt (*soto-kiri*). Sobald nun die Klinge einige Zentimeter aus der Scheide gezogen ist, wird der linke Daumen um das *koiguchi* herum gelegt (B2).

Diese Phase wird unmittelbar durch die nächste fortgeführt, so dass beide wie eine einzige erscheinen (B3 bis B5 und Bildtafel C).

2.1.2.2. Nuki-tsuke – beim Ziehen schneiden

Das Schwert zu ziehen und zugleich einen Schnitt auszuführen ist eine Originalität des *iai*. Man zieht es mittels einer vereinten Aktion beider Hände. Dabei sind Schwert und Scheide vertikal ausgerichtet, bis etwa ein Drittel der Klinge freiliegt. Nun werden Schwert und Scheide horizontal ausgerichtet. Diese Ausrichtung wird beibehalten, bis das Schwert vollständig gezogen ist. Für die ersten vier Formen, die als *suwari-waza* (Techniken

---

[17] Eine komplette Darstellung der einzelnen Teile eines *katana* findet sich auf Seite 150 f.

im Knien) ausgeführt werden, gilt das Folgende: Sobald die Klinge aus der Scheide zu gleiten beginnt, werden die Knie enger zusammengenommen und man richtet die Füße auf die Zehen auf. Nun geht der Oberkörper weiter nach oben – nach wie vor gerade aufgerichtet –, und währenddessen wird das erste Drittel der Klinge aus der Scheide gezogen. Das ist mit der Empfindung verbunden, den Gegner mit dem Schwertknauf (*tsuka-gashira*) fortzustoßen. Sobald nur noch die Klingenspitze (*kissaki*) zu ziehen ist, zieht man mit der linken Hand kraftvoll die Scheide nach hinten (*saya-biki* beziehungsweise *hikite*), um der Bewegung der rechten Hand, die in Gegenrichtung erfolgt, zusätzliche Kraft zu verleihen. Die linke Hand bleibt in Kontakt mit der Hüfte, und die Scheide wird kreisbogenförmig nach hinten geführt, etwa auf Hüfthöhe. Die Spitze der Klinge kommt vorn zum Stillstand, auf Höhe des Kopfes des Gegners. Dies geschieht exakt in dem Moment, in dem der rechte Fuß (für die Form *mae*) oder der linke (für die Form *ushiro*) vorn kraftvoll auf den Boden aufgesetzt wird, so dass der ganze Körper in die Aktion hineingezogen wird. – Siehe B3 bis B5 und C1 und C1a (Draufsicht).

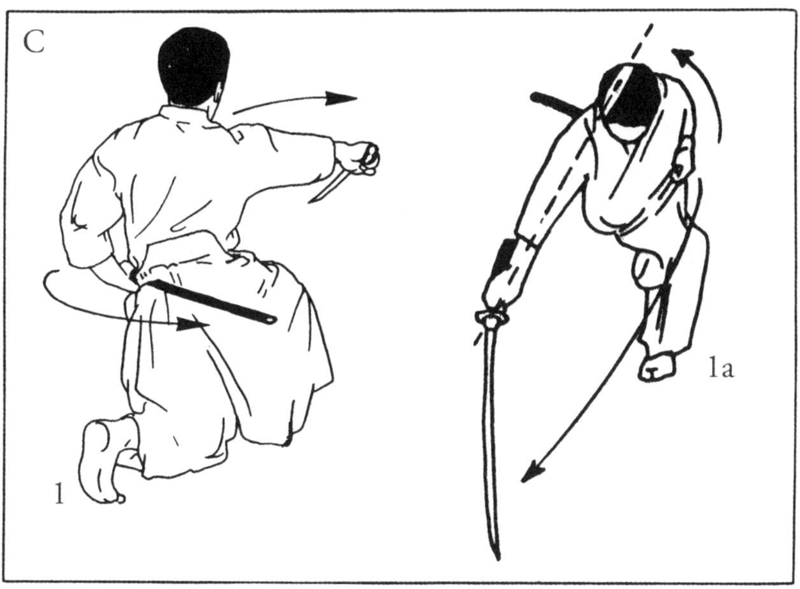

Zu beachten:

- Die Bewegung des Schwertziehens ist schnell, aber man muss sie so ausführen, dass sie fortschreitend beschleunigt wird, ähnlich, wie aus einer Quelle ein Sturzbach wird.
- Besonders muss auch auf die Rolle der rechten Hand geachtet werden, die auf keinen Fall den Griff krampfartig festhalten darf, da dies die Bewegung verlangsamen würde. Zu Beginn wird der Griff lediglich mit Daumen und Zeigefinger gehalten, und am Ende, wenn die Klingenspitze nach vorn zeigt, schließen sich Ringfinger und kleiner Finger fest um ihn, während die anderen Finger ihn nur locker umschließen. Dies ist verbunden mit einer Aufroll- und Abrollbewegung der Finger.
- Am Ende des *nuki-tsuke* befindet sich der rechte Arm ungefähr auf Schulterhöhe; der Oberkörper, nach wie vor aufrecht, hat sich um 180 Grad nach links gewendet. Die Klingenspitze ist ein wenig tiefer als die rechte Faust.
- Das linke Bein darf sich nicht nach hinten drehen unter dem Einfluss der Drehung des Oberkörpers, da sonst die Spannung in den Hüften verloren ginge und es somit nicht möglich wäre, auf korrekte Weise die folgende Sequenz auszuführen, bei der die Hüften nach vorn gedrückt werden. Der hintere Fuß bleibt gut verankert auf dem Boden, das Knie bewegt sich nicht, und der große Zeh übt einen festen Druck aus.
- Die fundamentale Arbeit der Arme ist exakt die gleiche wie bei den Formen, die im Stehen ausgeführt werden (*tachi-waza*).

Variante: Im Katori Shintō-ryū wird die Hand zuerst mit der Handfläche nach oben auf dem *tsuka* positioniert (D1, dann D2), und der Übende steht in der originellen halb hockenden Stellung (*han-sonkyo*) dieses Stils (D3).

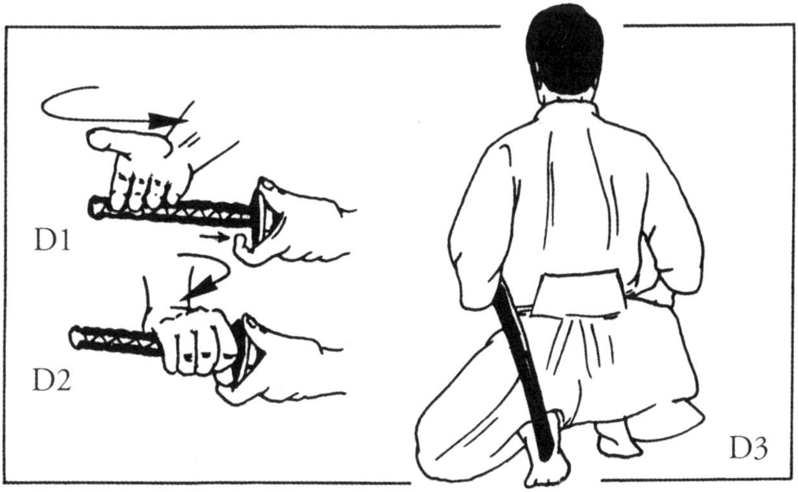

2.1.2.3. Seme – Bedrohen

Die beschriebenen Bewegungen sind dazu bestimmt, die primäre Angriffsabsicht des Gegners zu neutralisieren. Der nächste Schritt besteht darin, sein Gleichgewicht nach hinten zu brechen, indem man ihn mit der Klingenspitze bedroht. Der dahinterstehende Gedanke ist, ihn zu schlagen und ihn daran zu hindern, sein eigenes *katana* zu ziehen. Die Hüften werden nach vorn geschoben, indem das hintere Knie bis zur vorderen Ferse geführt wird. Das Schwert bleibt in seiner Position, und der Oberkörper ist nach wie vor aufrecht. Die Bewegung überträgt sich so direkt auf das *kissaki*, die Klingenspitze. Es versteht sich von selbst, dass das *seme* ohne Unterstützung des Geistes, der Vorstellungskraft, ineffektiv wäre!

Diese Phase geht direkt in die folgende über, mit der zusammen sie eine Einheit bildet.

2.1.2.4. Furi-kaburi – Ausholen mit dem Schwert

Dies ist die Aktion, bei der man das Schwert zusätzlich mit der linken Hand ergreift und es dabei 45 Grad nach hinten über den Kopf hebt, um sich darauf vorzubereiten, einen vertikalen Schlag auszuführen.

Während die rechte Hand das Schwert mit einer geschmeidigen Bewegung des Handgelenks anhebt, wobei der Ellbogen leicht gebeugt ist, kommt die linke Hand nach vorn, um die Scheide, deren Öffnung nach wie vor fest gehalten wird, zur vertikalen Mittelachse des Körpers zurückzuführen. Nun wird die Scheide losgelassen, und die linke Hand gelangt zum *tsuku* in eben dem Moment, in dem die rechte direkt oberhalb der Stirn angelangt ist. Die Bewegung erfolgt auf natürliche Weise und ist sehr präzise.

Diese Phase geht direkt in die nachfolgende über, mit der sie eine Einheit bildet (Bildtafel E).

Zu beachten:

- Das *kissaki* darf nicht »flattern«, während es nach oben geht, sondern es muss sich stetig nach oben bewegen. Man muss auf geschmeidige und relativ langsame Weise ausholen.
- Das Schwert beschreibt einen weiten Kreisbogen auf Ebene der Schultern und verharrt, sobald der Griff die vertikale Körperachse erreicht hat, mit der Klinge 45 Grad nach hinten. Die Arme bleiben in einer natürlichen entspannten Haltung, mit leicht gebeugten Ellbogen. Aber die Finger dürfen sich nicht vom *tsuka* lösen!

2.1.2.5. Kiri-tsuke – der vertikale Schnitt

Man schneidet von oben nach unten, mit einer entschlossenen Bewegung. Dies ist die zweite wichtige Phase der *kata*, die sich direkt an die vorher beschriebenen »Nebenphasen« anschließt, das heißt, an *seme* und *furi-kaburi* (auch *furi-kabute*). Der ganze Körper ist beim Schneiden involviert: Das rechte Bein wird gestreckt, die Fußsohle ist fest auf dem Boden. Nun

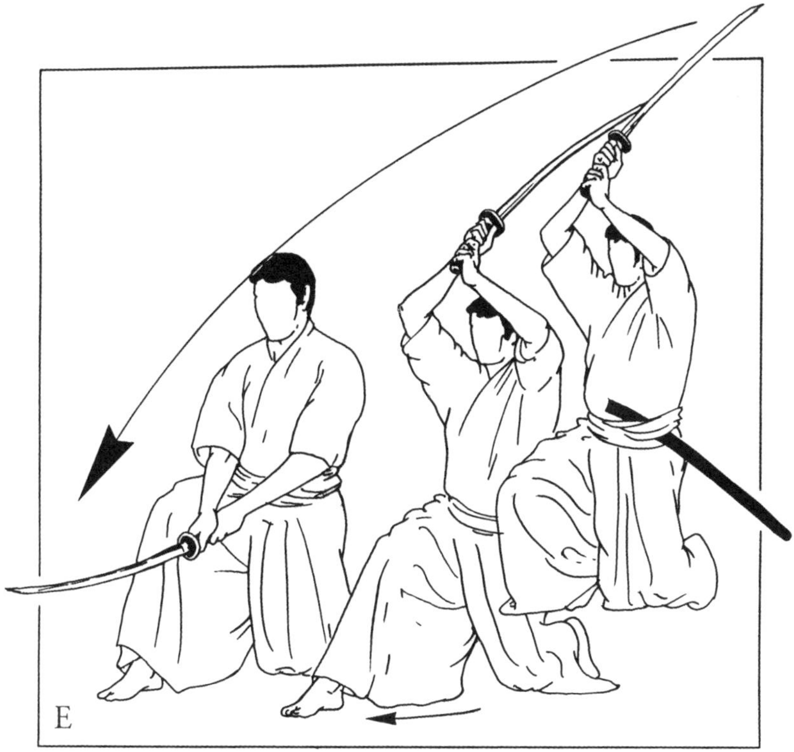

gehen die Hüften (beziehungsweise das *hara*) ein wenig nach vorn, während man mit kontinuierlicher Beschleunigung einen Schlag bis zum angenommenen Aufschlagpunkt ausführt. Sobald die Klinge ihre größte Geschwindigkeit hat, stoppen die Hände abrupt die Abwärtsbewegung (*kime* – Bildtafel E, links). Während das *katana* sich entlang seiner Bahn bewegt, müssen beide Hände am Griff einwärts gedreht werden. Dies wird als *shimeru* (E1 und E2) bezeichnet; im Moment des Aufschlags drehen sich die Daumen von außen

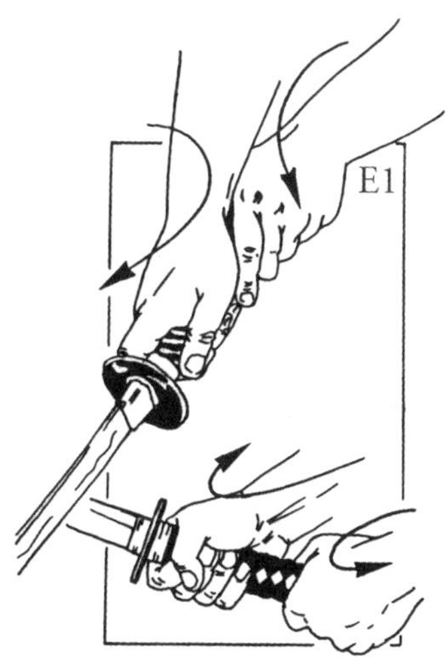

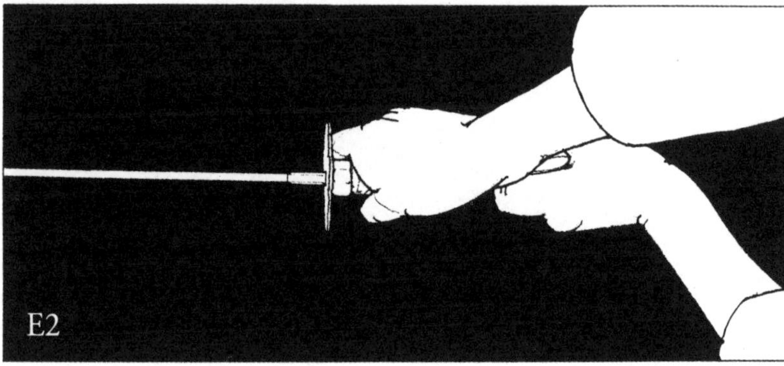

nach innen, als würde man ein nasses Handtuch auswringen (Endhaltung der Hände: E2). Das *kissaki* befindet sich nun etwa zwanzig Zentimeter über dem Boden, das *tsuba* auf Höhe des Knies und das *tsuka-gashira* (der Schwertknauf) auf Höhe des Nabels. Am Ende der Bewegung ist man nach vorn ausgerichtet, das heißt, der Oberkörper bewegt sich nicht; die Brust und die Schultern bleiben entspannt, und die Kraft konzentriert sich ausschließlich im unteren Bauchbereich.

Zu beachten:

- Auch hier gilt: Geschwindigkeit bedeutet nicht Hast! Kraft wird nur eingesetzt, um die Abwärtsbewegung der Waffe zu unterstützen. Achten Sie darauf, dass die Klingenspitze dabei eine kreisbogenförmige Bewegung vollführt. – Die Ellbogen und die Handgelenke dürfen nicht zuvor abgesenkt werden, um die Bewegung zu Ende zu führen, indem die Spitze nach vorn gestoßen wird.
- Zu Beginn und am Ende der Aktion des *shimeru* liegen die Handflächen auf dem *tsuba*, aber während die Ringfinger und die kleinen Finger fest geschlossen sind, sind Daumen und Zeige- und Mittelfinger zwar geschlossen, aber entspannt. Die Bewegung des Schwertes muss weit ausholend sein und nach vorn gerichtet – es handelt sich um eine Bewegung von hinten nach vorn. Der Bereich, mit dem das Schwert den Gegner trifft, ist das *mono-uchi*, der am intensivsten schneidende Teil der Klinge.

- Diese Phase ist von grundlegender Bedeutung. Es ist wichtig, die ganze Zeit über eine kraftvolle und ausbalancierte Haltung beizubehalten. Die Waffe darf weder zu fest noch zu locker gehalten werden.

2.1.2.6. Chiburi – das Blut abtropfen lassen

Der Gedanke hinter diese Phase besteht darin, das Blut, das sich nach dem Kampf am Schwert befindet, zu beseitigen, um das Schwert wieder in die Scheide stecken zu können. Doch man kann die Bewegung auch als zusätzlichen Angriff auffassen. Es gibt drei Formen der Ausführung:

1. Ō-chiburi – große kreisbogenförmige Bewegung

Diese auf Bildtafel F dargestellte Variante stammt aus dem Ōmori-ryū und findet sich auch in der ersten Gruppe von Techniken des Musō Shinden-ryū (*Shōden*: *Kata* der ersten Stufe).

Aus der Endhaltung des *kiri-tsuke* dreht man die Klinge nach rechts, bis sie horizontal ausgerichtet ist. Dies geschieht, indem die rechte Handfläche nach oben gedreht wird. Daraufhin hebt man sie nach außen – nach hinten rechts –, ungefähr bis auf Schulterhöhe. Der rechte Ellbogen bleibt in Richtung Boden ausgerichtet, und man darf das *kissaki* nicht »herunterfallen« lassen. Die Ausrichtung des nach hinten zeigenden Schwertes ist nun senkrecht zur von den Schultern gebildeten Linie; das *kissaki* ist höher als die Hand. Die Schultern sind entspannt, aber die Haltung insgesamt ist nicht ohne eine gewisse Spannung – die Bewegung enthält auch eine nach hinten gerichtete Drohung.

Während die Waffe auf diese Weise bewegt wird, drückt die linke Hand auf die Scheide, die sich an der linken Hüfte befindet. Nun wird der rechte Unterarm angewinkelt – die Hand hebt sich in Richtung Kopf und gelangt bis nahe der Schläfe. Gleichzeitig wird der Ellbogen angehoben, so dass Schulter und Ellbogen auf einer Ebene bleiben. Die rechte Handfläche wird nun nach unten gedreht.

Das *chiburi* wird abgeschlossen, indem man das Schwert nach vorn rechts fallen lässt, ohne dass über die Schulter Kraft eingebracht würde –

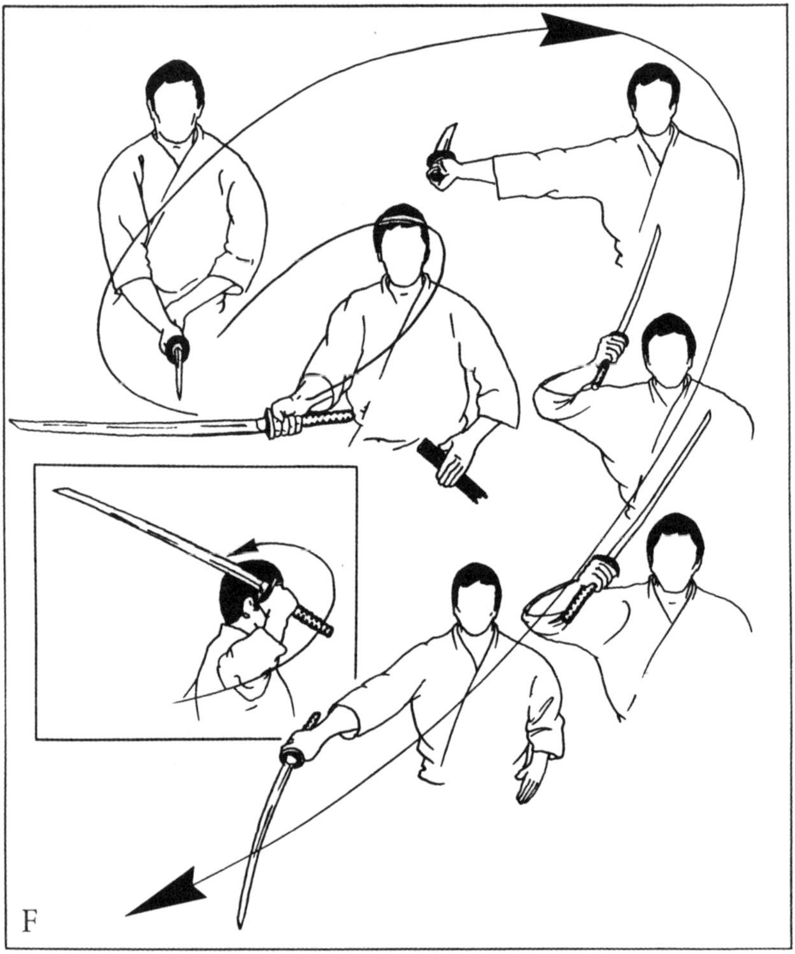

die erforderliche Energie für die Bewegung kommt wieder vom *hara*. Es handelt sich dabei um eine weite, schräge Schneidbewegung – verbunden mit einem entsprechenden konkreten Gefühl –, während man sich mit nach wie vor aufrechtem Oberkörper ein Stück erhebt, um die Kraft aus den Hüften nutzen zu können. In der Endstellung ist die Klinge nach unten gerichtet – das Abtropfen des Blutes soll so unterstützt werden. Die rechte Hand ist vor der rechten Hüfte, während die linke sich nicht von der Scheide wegbewegt hat.

2. Yoko-chiburi – kleine seitliche Bewegung

Diese auf Bildtafel G dargestellte Bewegung, die viel kürzer und knapper als die zuvor beschriebene ist, entstammt dem Hasegawa Eishin-ryū und ist Bestandteil der zweiten Gruppe von Techniken des Musō Shinden-ryū (*chūden*: *Kata* der zweiten Stufe).

Das Schwert wird hier direkt nach rechts geschlagen, ohne dass zuvor ausgeholt würde, und die Bewegung endet, indem das Handgelenk arretiert wird (*kime*).

Aus der Endhaltung des *kiri-tsuke* wird die rechte Hand mit einer abrupten Bewegung nach rechts gebracht, wobei sich die Handfläche nach unten dreht, so dass die Schneide der Klinge nach außen zeigt und das *kissaki* schräg nach unten. Simultan dazu wird die linke Hand zur Scheide geführt, genau so wie beim *ō-chiburi*.

Auch bei dieser Bewegung kommt die Kraft nicht aus der Schulter, sondern aus der Bauchregion.

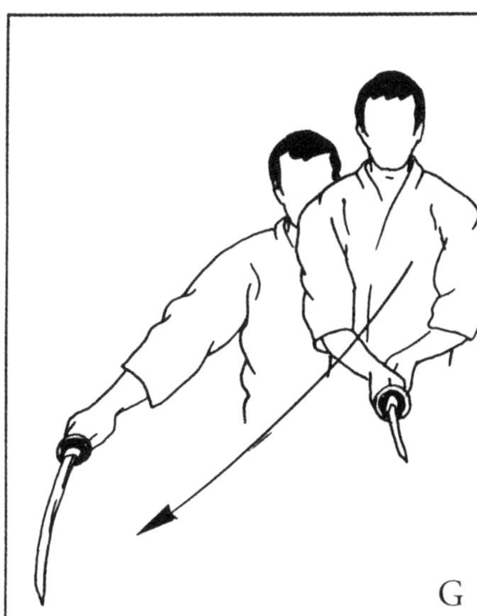

3. Ko-chiburi – kleine schräge Bewegung

Diese Bewegung, die auf Bildtafel H dargestellt ist, ist Teil der 3. Form der *kata* (*uke-nagashi*). Sie besteht aus einem einfachen schrägen Abschlagen nach links. Beide Hände bleiben dabei am *tsuba*.

Aus der Endhaltung des *kiri-tsuke* wird die linke Hand angehoben und die rechte abgesenkt, was damit verbunden ist, dass man das Schwert nach links zieht. Die Schneide des Schwertes wird auf diese Weise nach links außen gerichtet, und die Klingenspitze zeigt in Richtung des rechten Knies. Die Arme bleiben nach vorn links angespannt.

Es heißt, dass die *bushi* von einst zunächst den größten Teil des Blutes mittels *chiburi* entfernten. Anschließend wurde die Reinigung mit saugfähigem Papier (*washi*) abgeschlossen. So sollte das Risiko vermieden wer-

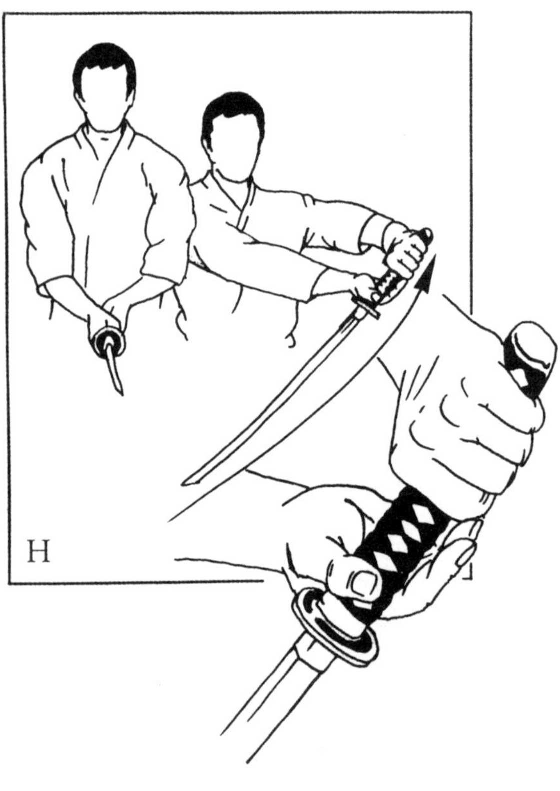

den, dass getrocknetes Blut beim Schwertziehen bremsend wirken könnte. Da ein solch hohes Maß an Realismus im heutigen *iaidō* nicht erforderlich ist, begnügt man sich mit dem *chiburi* und verzichtet auf das anschließende Abwischen. Allerdings betrachten einige der heutigen Meister die nachfolgende Nebenphase des *zanshin* als Symbol für die alte Gewohnheit des Reinigens der Klinge.

Anmerkung: In anderen Schulen (*ryū-ha*) existieren noch weitere Varianten des *chiburi*. So erfolgt im Katori Shintō-ryū eine kurze Rotation des *tsuka* in der linken Hand, bevor von oben ein knapper Schlag der rechten Faust darauf erfolgt.

2.1.2.7. Zanshin – wachsam bleiben

Der Kampf ist beendet, aber man muss wachsam blieben, einen aufmerksamen, doch nicht angespannten Geisteszustand beibehalten, bereit, bei der nächsten Herausforderung unverzüglich zu reagieren. Auf dieses für alle Kampfkünste grundlegende Prinzip wird weiter hinten noch ausführlicher eingegangen.

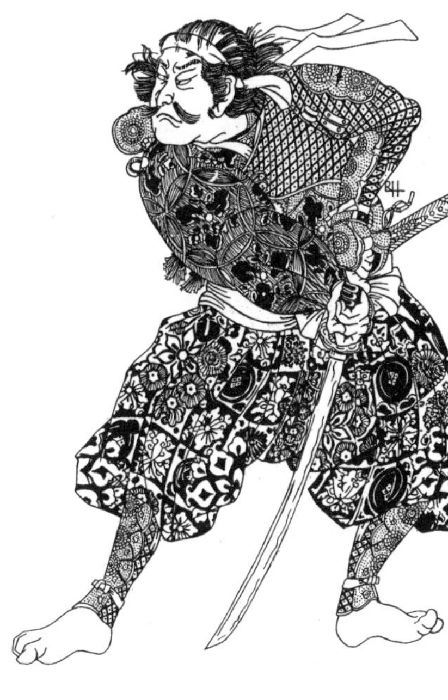

In der *kata* des *iaidō* indessen wird diese Geisteshaltung verdeutlicht durch einen Gleitschritt des vorderen Fußes. Man bleibt am Ort, aber das Körpergewicht verlagert sich. Der Oberkörper bleibt aufrecht. Die Hüften werden nicht angehoben. Das Schwert bleibt in der Stellung, die es am Ende des *chiburi* erreicht hat.

2.1.2.7. Noto – das Schwert wieder in die Scheide stecken

Es gibt zwei Arten, das Schwert wieder in seine Scheide zurückkehren zu lassen:

1. Ausgehend vom ō-chiburi oder vom yoko-chiburi (Bildtafel I):

Daumen und Zeigefinger der linken Hand bilden ein »V«. Die Hand umschließt nun die Öffnung der Scheide, so dass die Scheide durch Daumen und Zeigefinger um etwa einen Zentimeter verlängert wird. Gleichzeitig dreht die Hand die Scheide (*saya*) in die Horizontale, während ihre Öffnung nach vorn zur Mitte des Körpers geführt wird. Die rechte Hand bringt nun das Schwert auf Höhe des *tsuba* in Kontakt mit der linken Hand, mit dem Rücken der Klinge (*mune*) in dem »V«, das von Daumen und Zeigefinger gebildet wird. Klinge und Scheide sind nun parallel.

Nun wird das Schwert mit der rechten Hand nach rechts gezogen. Das *tsuka* wird dabei lediglich mit Daumen und Zeigefinger gehalten, die anderen Finger sind locker. Währenddessen gleitet der Rücken der Klinge entlang des »V« der linken Hand. Am Ende dieser Bewegung, die langsam ausgeführt wird, befindet sich das *kissaki* unmittelbar an der Öffnung der Scheide. Diese Phase ist gefährlich: Die Finger der linken Hand dürfen nicht geöffnet werden, da sonst die Gefahr besteht, sich zu schneiden!

Die linke Hand bewegt jetzt mit einer leichten Bewegung des Handgelenks nach rechts die Scheide derart, dass sie die unmittelbare Verlängerung der Klinge bildet. Nun wird die Klinge langsam in die Scheide geschoben. Während der ersten zwei Drittel des Weges befinden sich Scheide und Klinge in der Horizontalen. Während des letzten Drittels wird die Klinge gedreht, so dass am Ende die Schneide nach oben zeigt.

Grundsätzlich ist die Sequenz des *noto* eher mit der Vorstellung verbunden, die Klinge mit dem Futteral zu bedecken als sie in eine Scheide zu stecken. Beide Hände werden durch die Bewegung zusammengeführt. Am Ende befinden sie sich vor der Mitte des Körpers, mit dem *tsuka* vor dem Nabel. Der linke Daumen blockiert das *tsuka* von oben.

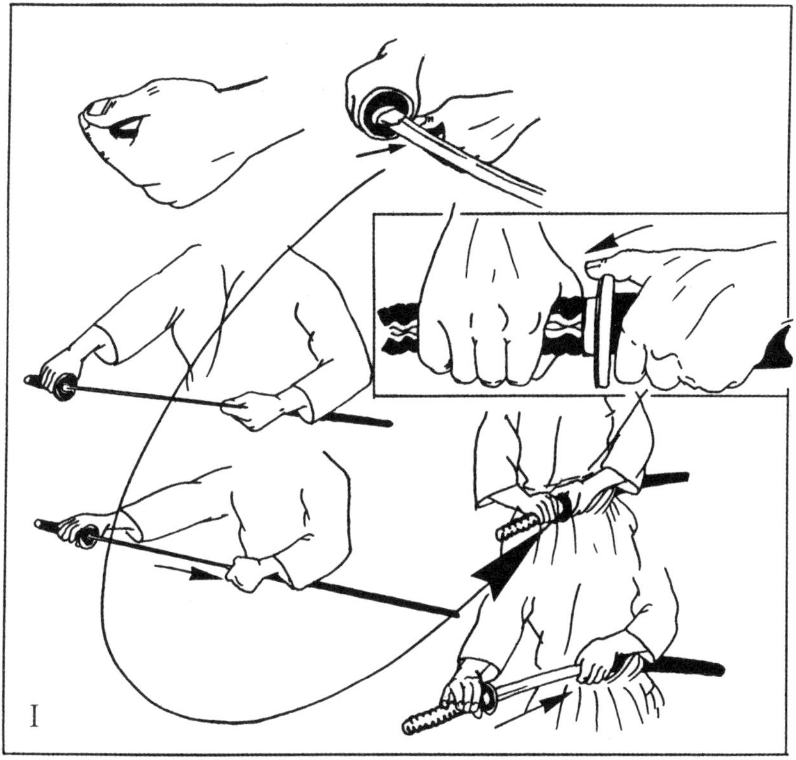
I

2. Ausgehend vom ko-chiburi (Bildtafel J):

Gyakute-no-noto ist die Aktion des Wieder-in-die-Scheide-Steckens, bei welcher die rechte Hand sich auswärts dreht, bis die Handfläche nach oben zeigt.

In der Endhaltung des *ko-chiburi* bleibt die linke Hand an ihrem Platz, aber die rechte Hand, die einwärts gedreht ist, dreht sich nun auswärts, bis der rechte Daumen den linken berührt, ohne dass dabei aber das Schwert bewegt wird. Die linke Hand »sucht« nun die Öffnung der Scheide und führt sie ein wenig nach vorn. Daraufhin dreht sich die rechte Hand nach außen, so dass die Finger nach oben zeigen. Diese Bewegung führt dazu, dass die Klingenspitze nach hinten links angehoben wird. Die rechte Hand führt nun das *tsuka* zur linken, und das Schwert wird auf gleiche Weise in die Scheide gesteckt wie oben beschrieben (siehe auch die dritte Form des *seitei-iai*: *Uke-nagashi*).

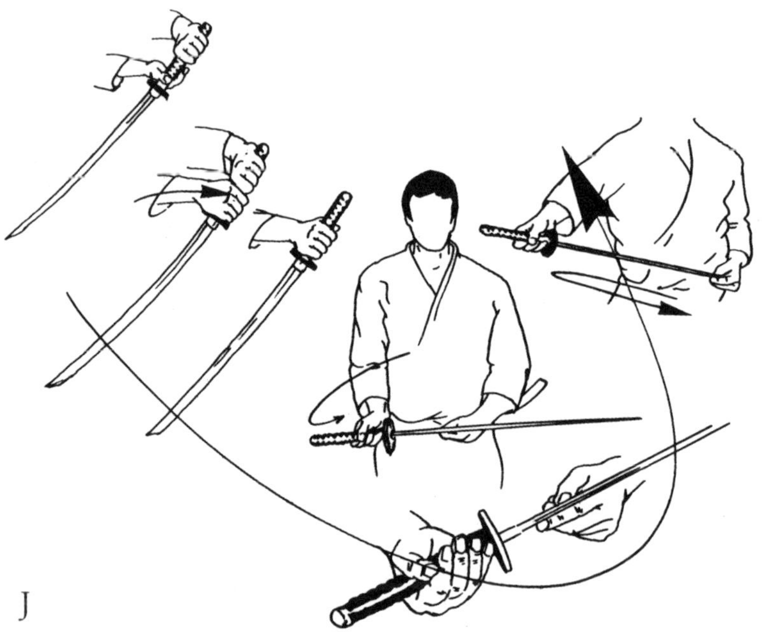

J

Anmerkung: Von den oben beschriebenen Abschnitten sind die vier wichtigsten: *Nuki-tsuke*, *kiri-tsuke*, *chiburi* und *noto*. Die anderen Abschnitte können als Zwischensequenzen aufgefasst werden. Zusätzlich zu den Illustrationen auf den vorangegangenen Seiten werden die Hauptphasen noch einmal ausführlich bildlich im Zusammenhang mit der Beschreibung des *Zen Nippon Kendō Renmei Iai* dargestellt.

2.1.3. Die innere Haltung (geistige Elemente: shin)

Der Begriff des *zanshin* ist in allen Kampfkünsten präsent. Er hat sowohl eine physische als auch eine psychische Komponente. *Zanshin* bedeutet weder Anspannung noch Entspannung. Nach einer entschlossenen Aktion, nachdem man die Bedrohung offenkundig beendet hat, zum Beispiel durch einen endgültigen Schnitt, muss der Körper locker sein, aber dennoch unter einer leichten Spannung stehen, um bei der kleinsten Herausforderung unverzüglich reagieren zu können. Und auch der Geist muss wachsam bleiben, »präsent«; er darf nach der Aktion weder »schläfrig« werden, noch zu lange beim Geschehenen verharren, also nicht sozusagen noch im Geiste einen Schlag ausführen, nachdem die Zeit der eigentlichen Aktion vorüber ist. Die kleinste physische oder psychische Lücke würde eine möglicherweise entscheidende letzte Chance für den Gegner darstellen.

Im *iaidō* muss das *zanshin* zu Beginn und am Ende der *kata* bestehen, doch noch wichtiger ist es während der besonders kritischen Phase des *noto*, wenn das Schwert wieder in die Scheide gesteckt wird. Die Empfindung, die man dabei haben kann und muss, ist besonders intensiv, da die Gegenwart einer blanken Klinge die Aufmerksamkeit in noch höherem Maße schärft als die Praxis einer Kampfkunst mit bloßen Händen.

In der Realität ist das *zanshin* das Resultat des Zusammenspiels aus Haltung, Atmung, Geisteshaltung und Blick. Dies gilt in diesem Zusammenhang überall im *budō*; aus diesem Grunde sollen an dieser Stelle nur einige kurze Erläuterungen erfolgen.

Eine richtige Atmung (*kokyū*) ist für die Praxis essentiell. Richtig atmen bedeutet nicht einfach nur ein- und auszuatmen gemäß den natürlichen Reflexen, bei denen der Wille nicht beteiligt ist. Im *iaidō* ist die richtige Atmung eine Bauchatmung, oder genauer gesagt, eine Zwerchfellatmung. Man atmet mit dem gesamten *hara* und nicht nur mit den Lungen, entsprechend den bereits von den alten chinesischen Daoisten und Buddhisten erprobten Zyklen. »Mit dem Bauch atmen« ist eine Kunst für sich. Sie ist eine Grundbedingung dafür, sich des »inneren Ichs« bewusst zu werden, was ein Zeichen für eine Art »Wiedergeburt« des Individuums darstellt (siehe Abschnitt »Sich selbst angreifen« ab Seite 56).

Der Atemrhythmus, auf den man sich bei den *Iaidō*-Übungen konzentrieren soll, ist der folgende: Bevor man mit der *kata* beginnt, atmet man zweimal ein und aus, dann atmet man ein drittes Mal ein und hält den Atem an.[18] Man beginnt nun mit der Ausführung der *kata*, idealerweise mit noch immer angehaltenem Atem, auch wenn dies einem Anfänger zunächst als nahezu unmöglich erscheinen mag. Aus diesem Grund ist es auch möglich, zu Beginn die Atemphasen auf die Technikphasen abzustimmen, wobei das Ausatmen zusammen mit der Kraftanstrengung erfolgt – also mit dem *nuki-tsuke*, dem *seme* und dem *kiri-tsuke*. Dieses Ausatmen erfolgt durch die Nase und nicht durch den Mund, damit dies auf so zurückhaltende Weise wie möglich geschehen kann. Eine falsche oder zu laute Atmung zeugt von mangelhafter Aufmerksamkeit und kann somit genau die erhoffte »Lücke« darstellen, die der Angreifer für seinen Angriff benötigt. Erst am Ende der Sequenz *noto* ist das Ausatmen beendet.

Eine hohe Konzentration drückt sich durch den Blick aus (*metsuke*). Die Art, wie man seinen Blick ausrichtet, zugleich bohrend und nicht auf einem bestimmten Punkt fixiert, ist sehr wichtig. Während man im *seiza* oder im *tate-hiza* ist, blickt man etwa 1,50 Meter vor sich, in Richtung Boden. Wenn man steht, beträgt die Blickdistanz etwa 3 bis 4 Meter. Der Blick muss den Gegner als Ganzes erfassen, da man selbst die kleinste Veränderung in seiner Haltung wahrnehmen muss. Alles in allem geht es darum, das Große zu *sehen* und das Kleine zu *betrachten*. Niemals dürfen die Augen sich auf einen konkreten Teil des Gegners heften oder auf sein Schwert. Dies würde sofort den Geist fesseln, und auf diese Weise wäre jede Möglichkeit zu spontaner Handlung vereitelt. Auch in dieser Hinsicht wird im *iaidō* ein Grundprinzip angewendet, das man in allen *Budō*-Künsten wiederfindet.

Die Ausdrücke »*koyo-no-metsuke*«, »*tozan-no-metsuke*« oder auch »*enzan-no-metsuke*« – der Blick »des fernen Gebirges« – bringen den Gedanken, in jedem Augenblick und mit gleicher Präzision das Detail und das Ganze zu sehen, zum Ausdruck. Bereits der berühmte Zenmönch und Schwertkampfmeister Takuan Sōhō (1573-1645) betonte, dass man niemals die Augen vom Schwert des Gegners fesseln lassen dürfe. Was den nicht weniger berühmten Miyamoto Musashi (1584-1645) angeht, der wie nur wenige

[18] Dieses Luftanhalten wird jedoch nicht in allen *Iaidō*-Schulen praktiziert.

den »Weg des Schwertes« mit seiner Erfahrung bereichert hat, so hebt er in seinem »Buch der fünf Ringe« (Gorin-no-Sho) den Begriff des »*kanken*« hervor, der jenen des »Blickes des fernen Gebirges« ergänzt. Miyamoto unterschied im Kampf mit dem Schwert den Blick *kan* – durch etwas hindurch oder ins Herz *sehen* –, einen Blick, der Stärke zum Ausdruck bringt, und den Blick *ken* (*anschauen*), der oberflächlich bleiben muss. *Kan* zielt auf den Geist des Gegners und will ihn mit seiner Schärfe durchdringen, während *ken* lediglich die äußere Erscheinung dieses Gegners beobachtet.

Sind all diese Aspekte im Geiste klar, wird die Durchführung der *kata* des *iaidō* auf richtige Weise erfolgen. Jetzt sind der Geist (*ki*), das Schwert (*ken*) und der Körper (*tai*) »eins« – *kikentai-no-ichi*. Und die Bewegung wird auf richtige Weise »gelebt«. Nun wird der Praktizierende des *iai*, auch ohne einem realen Gegner gegenüberzustehen, ein deutliches Gefühl für die Distanz (*ma-ai*) empfinden, die ihn vom imaginierten Gegner trennt, und dies bezieht sowohl den Raum als auch die Zeit ein (*hyoshi* – Rhythmus), denn ohne dies wäre selbst die makelloseste Bewegungsfolge nur eine Choreographie ohne eigenes Leben. – Und sprechen nicht die Meister davon, dass man, bevor man die Hand an den Schwertgriff führt, bereits damit beginnen muss, den Feind durch die pure Kraft des Geistes zurückzustoßen, und dass dies bereits genügen kann?

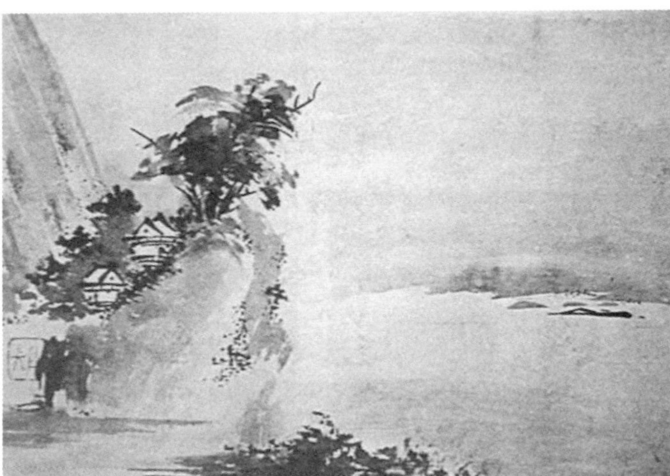

Landschaftsbild von Miyamoto Musashi.

2.2. Die kata

2.2.1. Etikette und Zeremonie (reishiki)

2.2.1.1. Der Geist des dōjō

Die Praxis einer Kampfkunst beginnt und endet mit Höflichkeit und Respekt, gegenüber anderen, seien sie nun körperlich anwesend oder nur in unserem Geiste – dies gilt vor allem für das ehrerbietige Gedenken an die verstorbenen Meister –, und gegenüber sich selbst. Es gibt keine *Budō*-Kunst, für die diese Regel nicht gilt. Ohne strenge Etikette gibt es kein *budō*. Die Zeremonie, die der Handlung vorausgeht, symbolisiert die Reinigung, die notwendig ist, um bei der Handlung erfolgreich zu sein. In der Praxis handelt es sich um eine Anzahl präzis vorgegebener Gesten, die einem unwissenden Beobachter vielleicht wenig sagen würden, deren Formalismus jedoch mehrere Ziele verfolgt:

- Der Praktizierende wird an den Respekt erinnert, den er den lebenden Meistern und ihren Vorgängern schuldet, sowie auch dem »Gegner« – für das Training bezieht sich dies auf den Übungspartner –, ohne den seine Weiterentwicklung nicht möglich wäre.
- Er wird durch die Höflichkeitsregeln daran erinnert, dass die Kampfkunst auch eine Kunst des Zusammenlebens mit anderen Menschen ist.
- Sein Geist wird beruhigt, indem eine Trennung zur Alltagswelt mit ihren Alltagssorgen und allem Stress vollzogen wird – diese bleiben sozusagen im Umkleideraum zurück.
- Er bereitet sich mental vor, indem er seine Konzentration schärft.
- Jegliches überflüssiges Gestikulieren wird beiseite gelassen. Statt dessen werden einige wenige Bewegungen ausgeführt, die auf intensive Weise erlebt werden. Auf diese Weise wird sich der Praktizierende bewusst, dass jede dieser Bewegungen im Falle einer realen Konfrontation eine vitale Bedeutung erlangen kann.

Dies ist die Essenz der Zeremonie, die jeder Kampfkunstpraxis vorausgeht, wenn diese im Sinne des *budō* erfolgt. Dies ist offensichtlich nicht dasselbe wie der »Sportsgeist« oder das Händeschütteln zwischen Gegnern vor einer Begegnung. Die Zeremonie des *budō* kann man auch als »Geist des *dōjō*« bezeichnen.

Das *dōjō* – etymologisch bedeutet dies den Ort (*jō*), an dem der Weg (*dō*) studiert wird – ist der Trainingsraum, welcher sowohl hinsichtlich seiner Ausstattung als auch hinsichtlich des Geistes, der hier herrschen soll, den Nachfolger der mittelalterlichen japanischen Waffensäle darstellt. Das *dōjō* ist in keiner Weise eine Sporthalle, auch wenn letztere mitunter als Ersatz für ein echtes *dōjō* dienen muss. Das traditionelle *dōjō* besteht aus Holz; dies gilt sowohl für die Täfelung der Innenwände als auch für den Fußboden. Letzterer sollte biegsam sein; wenn möglich, sollte es sich um einen aufgehängten Zwischenboden handeln. Weder ein zu harter Fußboden (aus Beton) noch ein zu weicher (Schaumgummimatten oder auch *tatami*, wobei letztere allerdings für andere Kampfkünste sinnvoll sein können) Untergrund sind empfehlenswert. Das *dōjō* muss sich stets in tadellos sauberem Zustand befinden. Es soll gut beleuchtet und gut belüftet sein und, wenn möglich, weit von Lärmquellen entfernt. Seine Dekoration ist einfach und nüchtern. Es ist mit einem Ehrenplatz (*shinza*, *shinzen*, *kamiza*) ausgestattet, auf dem sich ein Bildnis des oder der Meister der Schule sowie ein kleiner Shintō-Altar befinden.

Man darf nie vergessen, dass man im *dōjō* grundsätzlich mit leisen und gemessenen Schritten läuft, mit aufrechtem Körper und entspannten Schultern. Man rennt niemals und man spricht, falls erforderlich, mit gedämpfter Stimme. Ohne den Geist des Anstands und der Bescheidenheit, den jeder Praktizierende empfinden muss, sobald er aus dem Umkleideraum in den Übungsraum tritt, würde es sich um nichts weiter als Sport handeln und nicht mehr um *iaidō*. Da sich das *iai* heute in verschiedenen Umfeldern entwickelt, ist dieser Hinweis, der eigentlich auf eine Selbstverständlichkeit hinweist, alles andere als überflüssig!

2.2.1.2. Der Gruß

1. Der Gruß im Stehen (tachi-rei)

Man grüßt auf diese Weise, wenn man das *dōjō* betritt, dem *kamiza* und dem Lehrer zugewandt. Man steht auf natürliche Weise, mit den Fersen zusammen (*teito-shisei*), das Schwert hält man dabei in der linken Hand, auf Höhe der Hüften, mit der Schneide nach oben. Der Daumen der linken Hand liegt auf dem *tsuba*, um das Schwert in seiner Position zu halten. Nun wird das Schwert auf die rechte Seite des Körpers geführt, und die rechte Hand ergreift es von oben. Die linke Hand wird wieder nach links genommen, so dass sie auf natürliche Weise neben dem Bein hängt. Das Schwert wird jetzt von der rechten Hand gehalten (eine Handbreit vor dem *tsuba*), und die Schneide zeigt nach hinten, in einem Winkel von etwa 35 Grad mit Bezug auf die Längsachse des Körpers.

Um zu grüßen, neigt man sich ein wenig nach vorn, wobei der Kopf gesenkt wird. Anschließend wird das Schwert wieder in die linke Hand genommen, um erneut die Ausgangsposition (*teito-shisei*) einzunehmen.

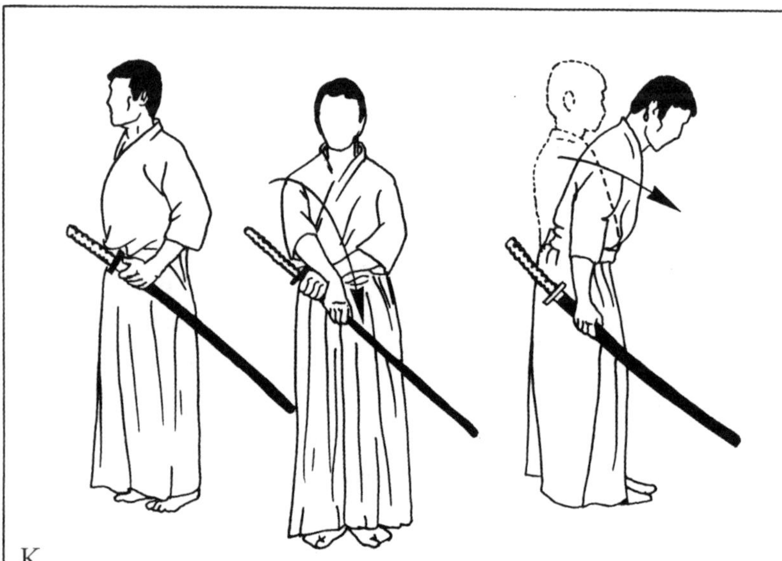

2. Der Gruß im Knien (za-rei)

Dieser Gruß wird ausgeführt zu Beginn und am Ende des gemeinsamen Trainings. Man lässt sich mittels *suwari-kata* auf die Knie nieder: Ohne die Füße zu bewegen werden beide Beine gleichzeitig eingebeugt; der Oberkörper bleibt so aufrecht wie möglich, und der Blick ist nach vorn gerichtet. Man schlägt nun mit der rechten Hand auf der Innenseite des linken Beines auf den *hakama* und dann auf der Innenseite des rechten Beines, bevor man sich niederkniet, indem man zuerst das linke Knie und dann das rechte auf den Boden setzt. Dieses Schlagen wird als *hakama-sabaki* bezeichnet – den Saum des Hosenrocks zur Seite fegen. Die Knie befinden sich etwa eine Faustbreit voneinander entfernt. Man streckt die Zehen nach hinten und setzt sich auf die Fersen. Die rechte Hand ruht flach auf dem rechten Oberschenkel und die linke, die noch immer das Schwert an der linken Seite hält, als würde es bereits im Gürtel stecken, ruht auf dem linken Oberschenkel. Man legt nun das Schwert rechts von sich ab, in einer Entfernung von etwa einer Faustbreit vom rechten Oberschenkel. Die Hände werden nun beide flach auf die Oberschenkel gelegt. Das *tsuka-gashira* befindet sich auf Höhe

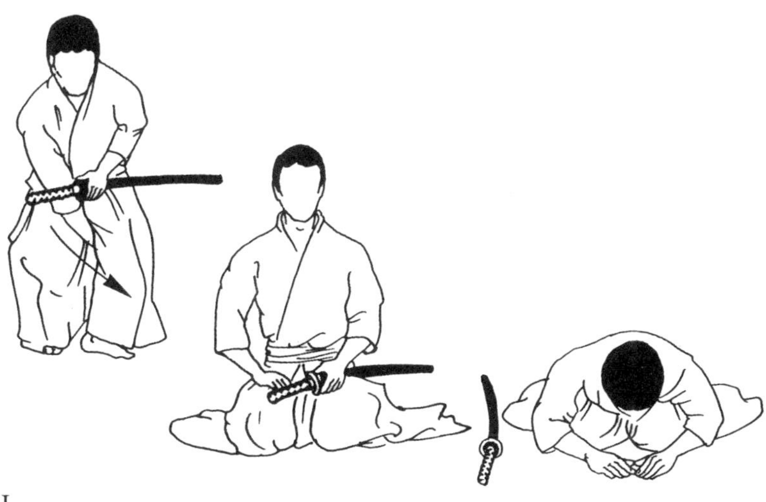

L

des Knies, die Schneide zeigt zum Körper. Das Schwert darf nicht auf dem *hakama* liegen. Die Energie (*ki*) wird jetzt im Bauch (*tanden*) konzentriert.

Für den Gruß neigt man den Oberkörper nach vorn, wobei erst die linke und dann die rechte Hand nach vorn gesetzt wird. Die Daumen und die Zeigefinger bilden dabei ein Dreieck. Der Gruß erfolgt, ohne dass sich das Gesäß von den Fersen erhebt. Die Nase befindet sich direkt über dem Dreieck. Die Ellbogen sind nahe am Körper, der Rücken ist gerade.

Wenn dieser Gruß vor dem Lehrer (*sensei*) erfolgt, muss man darauf achten, dass man beide Hände zugleich auf den Boden auflegt und vor ihm beginnt, sich zu verneigen, und sich erst nach ihm wieder aufrichtet.

Dieser Gruß ist nicht in jedem Fall obligatorisch. Bei einer *Kata*-Vorführung oder einer Gürtelprüfung führt man gleich den nachfolgend beschriebenen Gruß mit dem Schwert (*to-rei*) aus.

3. Der Gruß zum Schwert (to-rei, zu Beginn der Übung)

Darstellung auf Bildtafel M: Man ergreift das Schwert wieder mit der rechten Hand, wobei der Daumen am *tsuba* liegt und so die Ausrichtung der Waffe bestimmt, welche nun parallel zum rechten Oberschenkel angehoben wird. Daraufhin wird das Schwert etwa eine Unterarmlänge vor dem Körper beziehungsweise einige Zentimeter vor den Knien abgelegt, mit dem *tsuka* nach rechts und dem *kojiri*, dem Ende der Scheide, nach links.

Der Gruß erfolgt wie beim zuvor beschriebenen *za-rei*. Danach richtet man sich wieder auf und ergreift das Schwert. Die rechte Hand befindet sich unter dem *tsuba*, die Handfläche zeigt dabei nach oben, und die linke Hand erfasst das *kojiri*, mit der Handfläche nach unten. Die Waffe wird nun angehoben, und man lässt sie mit der Schneide nach oben in den Gürtel gleiten. Zu diesem Zweck zieht der linke Daumen den Gürtel ein wenig nach vorn, so dass Platz für das Schwert geschaffen wird. Danach wird wieder die Haltung *seiza* angenommen, mit der rechten Hand auf dem rechten Oberschenkel und dem linken Daumen am *tsuba*.

Um aufzustehen, wird der rechte Fuß auf Höhe des linken Knies gesetzt, und während man sich daraufhin auf dem rechten Bein erhebt, führt man den linken Fuß auf Höhe des rechten.

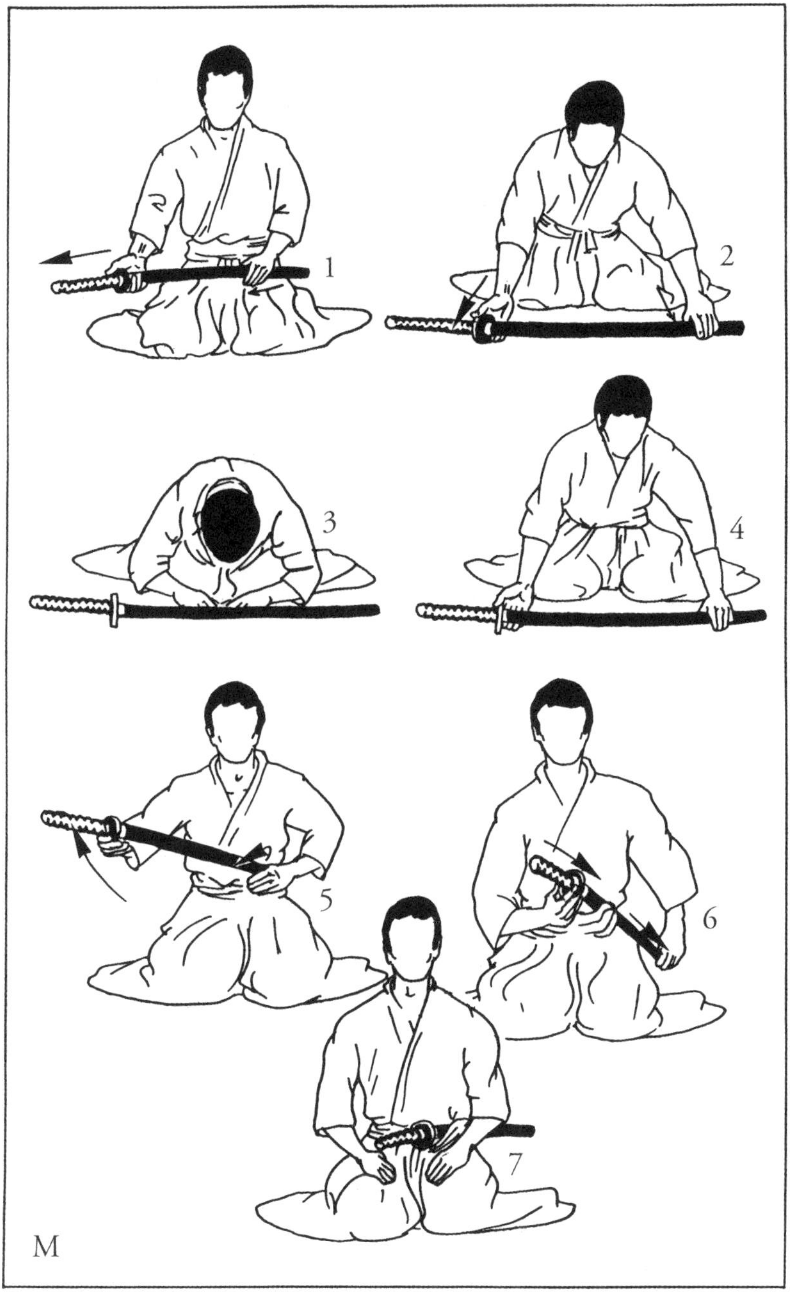
1
2
3
4
5
6
7
M

4. Der Gruß zum Schwert (to-rei, am Ende der Übung)

Darstellung auf Bildtafel N: Man schiebt das Schwert mit Hilfe der linken Hand ein Stück nach vorn, den Daumen nach wie vor am *tsuba*, dann übernimmt die rechte und zieht die Waffe vollständig aus dem Gürtel, bis die linke Hand, die an Ort und Stelle bleibt, die Bewegung stoppt, indem sie das Ende der Scheide festhält. Die linke Hand lässt unverzüglich los, und man legt das Schwert mit der rechten Hand parallel vor sich zu Boden, mit dem *tsuka* nach links und der Schneide in Richtung Körper. Der Daumen bleibt auf dem *tsuba*.

Nun grüßt man auf die gleiche Weise wie zu Beginn der Übung. Dann nimmt man das Schwert wieder in die rechte Hand, wobei das *tsuba* mit dem Zeigefinger gehalten wird; die Schneide bleibt zum Körper gerichtet. Das Schwert wird nun senkrecht aufgestellt – parallel zur Mittellinie des Körpers. Die linke Hand wird unter das *tsuba* gebracht und gleitet bis zum *kojiri*, welches sie ergreift. Sie führt das *kojiri* zur linken Hüfte. Man lässt nun das Schwert durch die linke Hand an der Hüfte entlang gleiten, bis der linke Daumen erneut das *tsuba* blockiert. Die rechte Hand wird zur rechten Hüfte zurückgeführt.

In dieser Position grüßt man wieder im *seiza* wie zu Beginn, oder man steht auf, um zu grüßen, während man das Schwert in die rechte Hand nimmt (wie weiter vorn beschrieben).

Für jeden der beschriebenen Abschnitte der Zeremonie gibt es verschiedene kleinere Abweichungen zwischen der Version der vereinheitlichten Kata des Zen Nippon Kendō Renmei und den Versionen der traditionellen Schulen, wie beispielsweise Musō Shinden-ryū, aber der geistige Hintergrund ist stets derselbe.

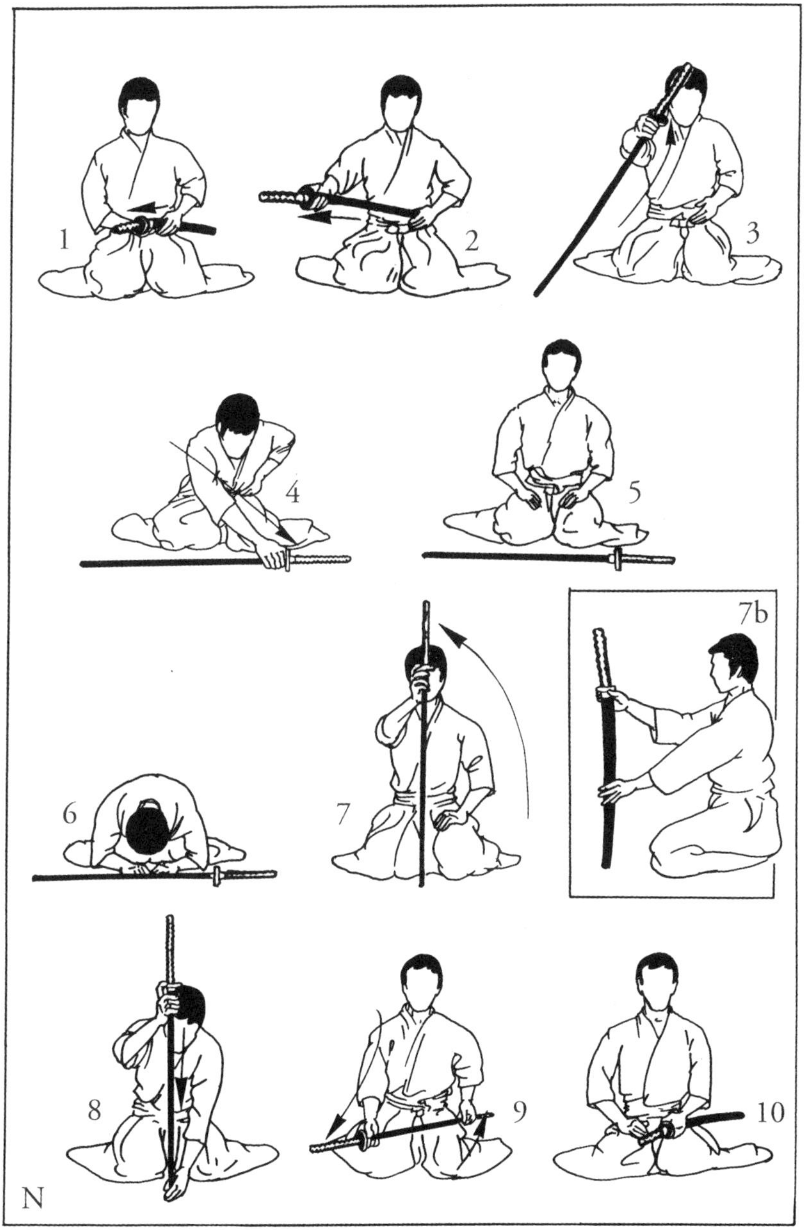
1
2
3
4
5
6
7
7b
8
9
10
N

2.2.2. Beschreibung der zwölf Formen

2.2.2.1. Tabellarische Übersicht

A) Techniken im Knien – Seiza-no-bu
Erste Form: *Mae* – vorn
Zweite Form: *Ushiro* – hinten
Dritte Form: *Uke-nagashi* – den Angriff empfangen und ableiten

B) Techniken mit dem linken Knie am Boden und dem rechten Knie erhoben – Iai-hiza-no-bu
Vierte Form: *Tsuka-ate* – Stoß mit dem Griff

C) Techniken im Stehen – Tachi-iai-no-bu
Fünfte Form: *Kesa-giri* – schräger Schnitt
Sechste Form: *Morote-zuki* – direkter Stich mit beiden Händen
Siebente Form: *Sanpō-giri* – Schnitte in drei Richtungen
Achte Form: *Gan-men-ate* – Stoß ins Gesicht
Neunte Form: *Soete-zuki* – Stich mit angelegter Hand
Zehnte Form: *Shihō-giri* – Schläge in vier Richtungen
Elfte Form: *Sō-giri* – alle Schnitte
Zwölfte Form: *Nuki-uchi* – Ziehen und Schlagen

Es werden fünf essentielle Schwerttechniken eingesetzt:
1. Horizontaler Schnitt unmittelbar nach dem Blankziehen
2. Vertikaler finaler Schnitt
3. Diagonaler Schnitt von links und von rechts
4. Schnitte, die mit Wendungen verbunden sind
5. Stöße (Stiche)

Jede Form verläuft in vier Hauptphasen: *Nuki-tsuke*, *kiri-tsuke*, *chiburi*, *noto*.

2.2.2.2. Die erste Form (ippon-me): Mae – vorn

Man wehrt in der Haltung *seiza*, mit Blick zum *shinzen*, einen frontalen Angriff (*mae*) eines einzelnen Gegners ab. Es erfolgt ein horizontaler Schnitt gegen die Schläfe, bevor die Aktion durch einen vertikalen Schnitt beendet wird.

Ablauf:

1. Ausgangsstellung.
2. Man beginnt die Bedrohung zu spüren und ergreift das Schwert mit beiden Händen. Die rechte Hand ist auf dem Schwertgriff (*tsuka*) und die linke an der Öffnung der Scheide (*koiguchi*). Der linke Daumen ist am Stichblatt des Schwertes (siehe Detailzeichnung B1a auf Seite 63). Diese Position des Daumens, die bereits weiter vorn erläutert wurde, verhindert auch, dass die Klinge bei Ortsveränderungen versehentlich aus der Scheide rutscht. Die Knie werden enger zusammengerückt.

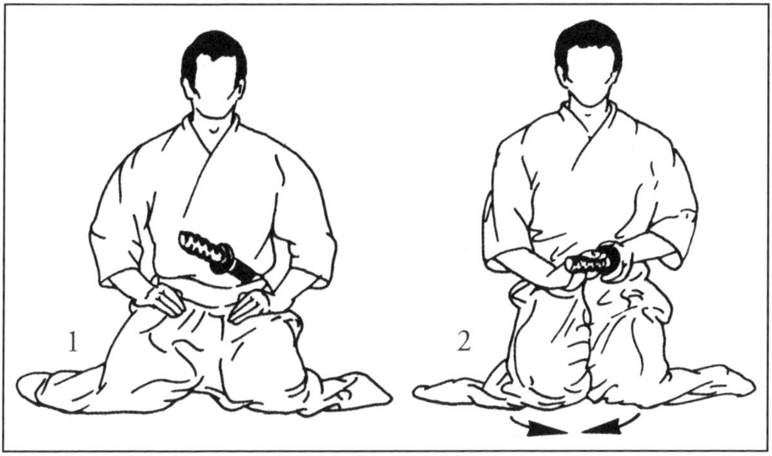

3. Die Bedrohung wird konkreter. Man stellt die Füße auf die Zehen. Der linke Daumen drückt nun gegen das Stichblatt (*tsuba*), um das Herausziehen der Klinge zu unterstützen, die um etwa ein Drittel aus der Scheide gezogen wird, mit der Schneide (*ha*) nach oben. Diese Bewegung ist von entscheidender Bedeutung: Entweder, der Angreifer stellt seine Aktion unverzüglich ein – in diesem Fall beruhigt sich die Situation – oder er führt sie fort und überschreitet den Punkt, von dem es keine Rückkehr mehr gibt, …
4. … so, wie es nun der Fall ist. Die Klinge wird weiter herausgezogen, wobei das Schwert so gedreht wird, dass die Schneide nach außen zeigt (die Klinge ist nun horizontal ausgerichtet). Schließlich befindet sich nur noch die Klingenspitze in der Scheide (*saya*) – siehe auch Bildtafel B auf Seite 63.

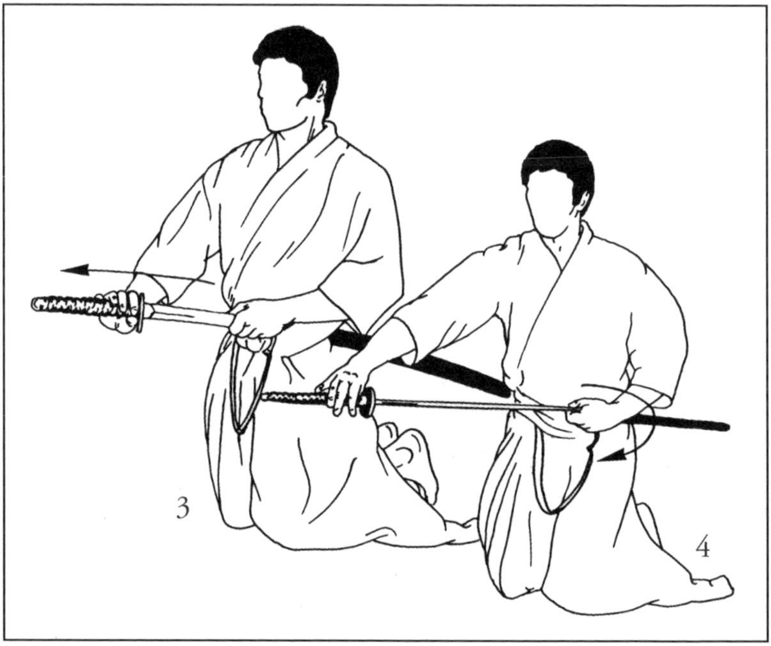

5. Mit der linken Hand wird nun das *saya* nach hinten gezogen, so dass das Schwert vollständig blankgezogen ist. Es erfolgt ein horizontaler Schnitt (*nuki-tsuke*). Exakt am Ende dieser Bewegung tritt der rechte Fuß nach vorn kraftvoll auf den Boden – auf diese Weise wird das *kime* realisiert. Ober- und Unterschenkel des rechten Beines stehen nun im rechten Winkel zueinander, und der Oberschenkel ist parallel zum Boden. Die Klingenspitze befindet sich auf Höhe der Augen des Gegners (siehe auch die Detailzeichnung auf Bildtafel C, Seite 65: Beachten Sie die Position des linken Fußes, der auf den Zehen ruht, und die des *saya*, welches parallel zum Boden nach hinten gezogen ist).
6. Nun folgt die Phase des *seme* (Bedrohung): Die Spannung auf der Klingenspitze wird vollständig aufrechterhalten. Die mentale Bedrohung muss ebenso intensiv sein wie die physische (hierzu und für weitere Details der ersten Form, welche die Basissequenz der *kata* darstellt, siehe Abschnitt »Das kihon«, Seite 64). Das linke Knie wird nahe an die rechte Ferse herangeführt, und das rechte Bein wird weiter nach vorn geneigt.

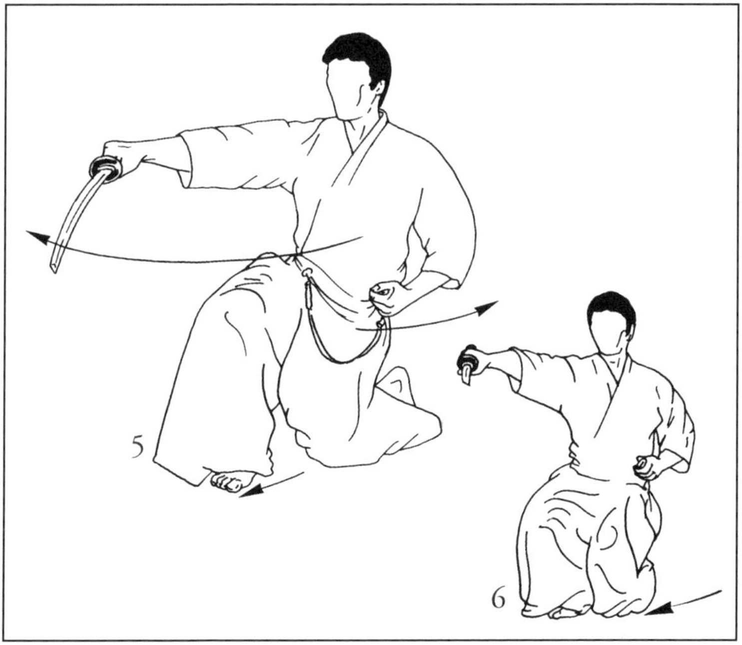

7. Das Schwert wird mit der rechten Hand schwungvoll nach links geführt (verbunden mit der Vorstellung eines Stichs nach hinten), und man beginnt daraufhin das Schwert über den Kopf zu heben (*furi-kaburi*), um auszuholen, was den Effekt hat, dass Körper und Energie neu ausgerichtet werden.
8. Die linke Hand, nachdem sie die Scheide wieder an die Seite gebracht hat, ergreift den Griff des Schwertes genau in dem Augenblick, in dem die rechte über dem Kopf angekommen ist. Das Schwert steht nun in einem Winkel von 45 Grad nach hinten.
9. Während der rechte Fuß vorgesetzt wird, erfolgt ein Schnitt von oben nach unten (*kiri-tsuke* – siehe auch Bildtafel E auf Seite 69). Das Schwert wird von beiden Händen geführt, aber die Funktion der rechten Hand besteht vorrangig darin, der Bewegung ihre Richtung zu verleihen und weniger darin, die Kraft für den Schlag beziehungsweise Schnitt aufzubringen – dies ist die Funktion der linken Hand. Am Ende des Schnittes muss das Schwert gestoppt werden. Hierfür werden beide Hände einwärts gedreht (*shimeru*), wobei vorrangig die linke Hand die aktive Rolle spielt. Die Hände sind fest um das *tsuka* geschlossen, ohne dabei zu verkrampfen. Die linke Faust befindet sich vor dem Nabel, und die Klingenspitze (*kissaki*) sollte leicht unterhalb der Horizontalen sein.

   Man hat den Schnitt ausgeführt. Nun beginnt die Phase des *zanshin*. Natürlich muss die gesamte *kata* im Zustand hoher Wachsamkeit ausgeführt werden, aber für diesen Abschnitt gilt dies in besonderem Maße, denn man muss sich vergewissern, dass der Gegner außer Gefecht gesetzt ist (eine oberflächliche Verletzung kann einen Gegner noch gefährlicher werden lassen, und in diesem Falle müsste unverzüglich ein weiter Schnitt erfolgen). Man verharrt daher einen Moment in der Haltung 9.
10. Jetzt beginnt die Phase *chiburi* (die Variante *ō-chiburi* – siehe auch Bildtafel F auf Seite 72). Die linke Hand drückt das *tsuka* nach außen, so dass es am Ende gut in der rechten liegt, und lässt den Griff los.
11. Der rechte Arm wird nach außen geführt, der Ellbogen ist dabei nach unten gerichtet. Die Klinge ist waagerecht, die Spitze zeigt leicht nach oben.

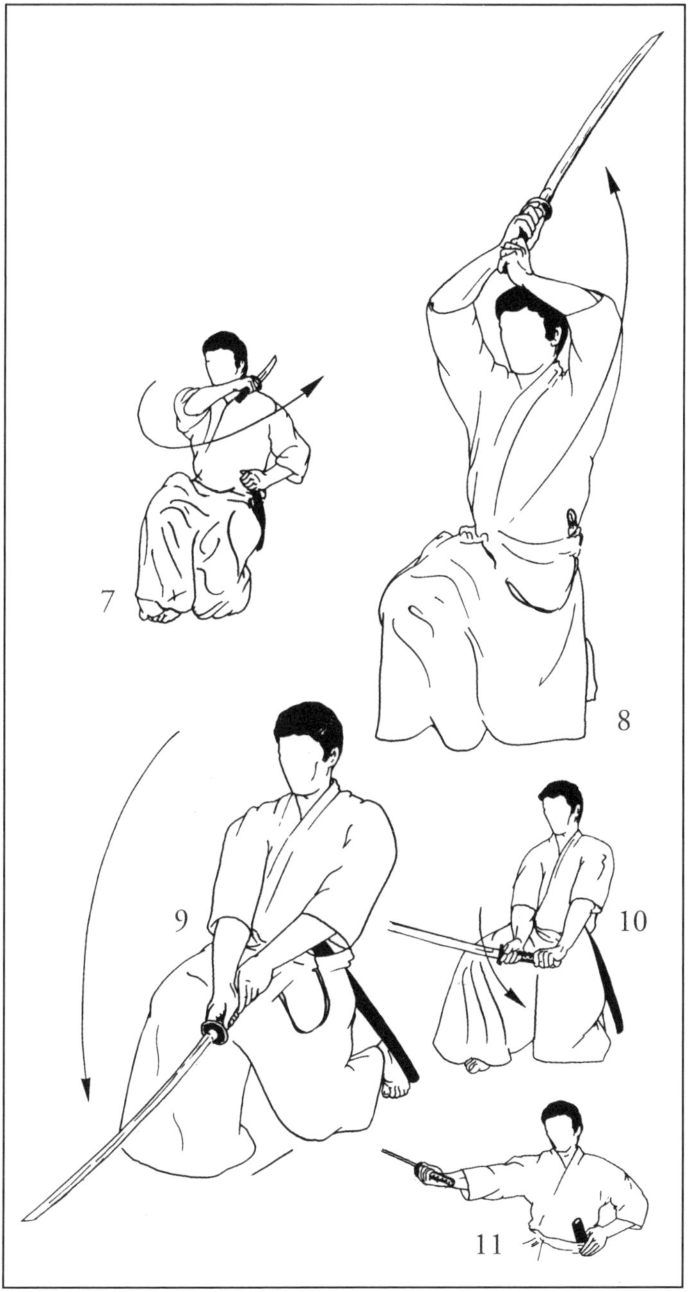
7
8
9
10
11

12. Die linke Hand ist inzwischen an der Hüfte angelangt. Die rechte Hand wird weiter angehoben, bis auf Höhe des Ohres.
13. Der rechte Unterarm wird eingebeugt, und die Faust wird neben die Schläfe geführt.
14. Man beginnt das Schwert abzusenken, wobei es zunächst über den Kopf geführt wird. Um die Bewegung des *chiburi* zu verstärken, steht man auf (aber ohne Ortsveränderung), wobei die Hüften nach vorn geschoben werden.
15. Das Schwert schneidet schräg (*kesa*) nach vorn, um das Blut abtropfen zu lassen. Die Schneide ist zum Boden geneigt, und die Spitze zeigt nach vorn (auf diese Weise schützt man sich gegen einen Angriff des Gegners, falls dessen Lebenskraft noch einmal unverhofft auflodert). Beachten Sie, dass die Ferse des linken Fußes ein wenig angehoben wird. Das *chiburi* ist vergleichbar mit dem Ausschütteln eines Regenschirms.

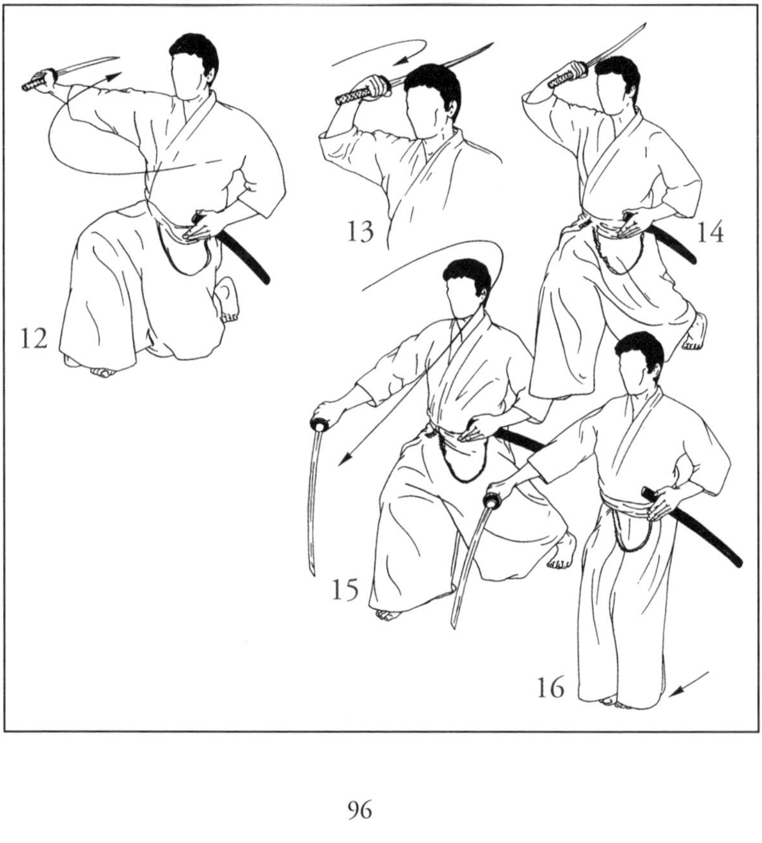

16. Man wechselt nun die Position der Füße: Zunächst wird der linke Fuß neben den rechten geführt (die Knie sind leicht gebeugt, und man hebt die Hüften nicht an) …
17. … und unmittelbar darauf wird der rechte Fuß zurückgesetzt, mit leicht angehobener Ferse. Das Schwert verändert dabei seine Stellung nicht. – Dies ist das Ende der Phase *chiburi*.
18. Es beginnt jetzt die Phase *noto* (siehe auch Bildtafel I auf Seite 77). – Die linke Hand wird auf Höhe des *koiguchi* (wörtlich »Karpfenmaul«) gebracht, und Daumen und Zeigefinger werden an den Eingang der Scheide gelegt.
19. Die Hände werden vor den Bauch geführt, wobei das *saya* in die Horizontale gebracht wird. Der Rücken der Klinge befindet sich nun in der Beuge zwischen Daumen und Zeigefinger. Die linke Hand löst sich nicht vom Körper. Klinge und Scheide sind parallel zum Boden.

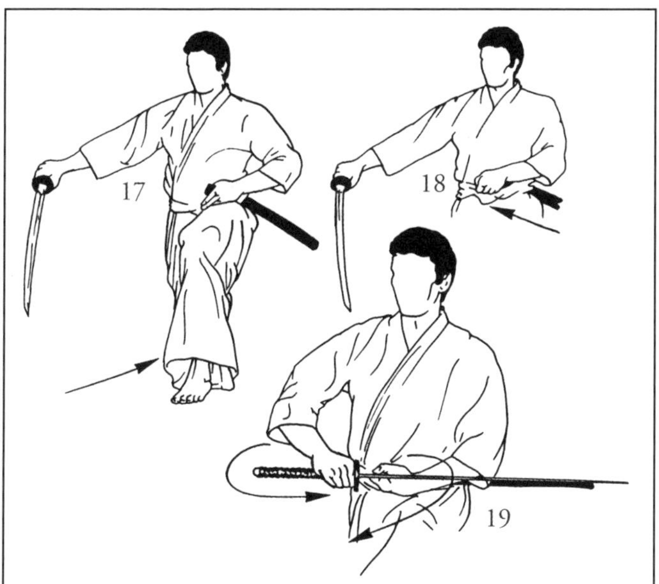

20. Der rechte Arm wird nach vorn und leicht nach rechts gebracht, ohne dass dabei nennenswerte Kraft aufgewendet wird. Das *tsuka* wird lediglich von Daumen und Zeigefinger gehalten, die anderen Finger liegen locker am Griff an. Simultan dazu wird das *saya* in die Gegenrichtung gezogen. Diese Bewegung muss ohne Hast erfolgen.
21. Das *kissaki* befindet sich nun auf Höhe des *koiguchi*. Es erfolgt ein Ruck mit dem linken Handgelenk nach rechts, um Klinge und Scheide in eine Linie zu bringen. Dies erfolgt mit einer gewissen Schnelligkeit. Im übrigen ist dies der Moment, in dem man am angreifbarsten ist.

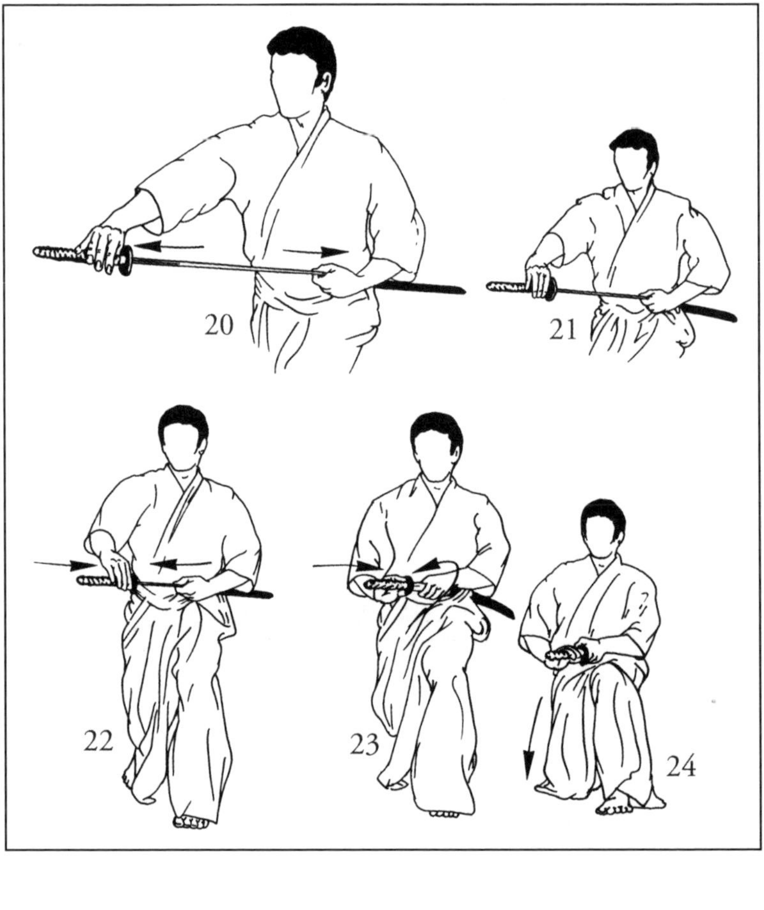

22. Die Bewegung wird verlangsamt; die Klinge ist nun wieder in einer Position, aus der sie für die Abwehr eines Angriffs eingesetzt werden könnte. In dieser waagerechten Lage wird die Klinge etwas zu zwei Dritteln in die Scheide geschoben, wobei beide Hände simultan näher zueinander gebracht werden.
23. Das letzte Drittel der Klinge wird in die Scheide geschoben, während die Schneide nach oben ausgerichtet wird.
24. Das letzte Stück der Klinge wird in die Scheide geschoben. Das Ende der Bewegung fällt zusammen mit einem Innehalten auf dem rechten Knie auf dem Boden. Der linke Daumen wird wieder auf dem *tsuba* platziert. Dieses befindet sich auf Höhe des Nabels, und das Schwert ist waagerecht ausgerichtet. – Dies stellt das Ende der Phase *noto* dar.
25. Man erhebt sich, indem der rechte Fuß auf Höhe des linken geführt wird, ohne dass die Hände sich bewegen. Der Blick, der während der gesamten kata ungefähr 1,50 Meter nach vorn auf den Boden gerichtet war, wird ebenfalls erhoben, so dass man geradeaus schaut.
26. Die rechte Hand wird neben den Oberschenkel gebracht.

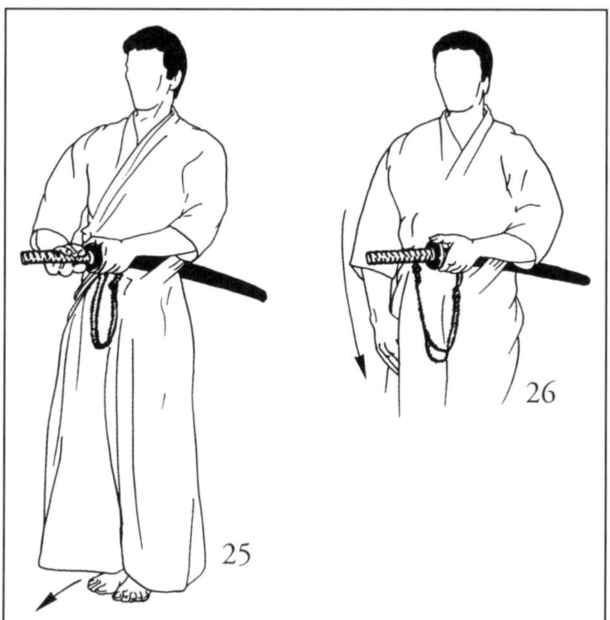

27. Man geht, beginnend mit dem linken Fuß, drei kurze Schritte zurück, ohne die Fersen zu heben, so dass man sich schließlich wieder am Ausgangsort befindet.
28. Die linke Hand wird neben den linken Oberschenkel gebracht. Das Ergebnis ist eine natürliche Haltung (*taito-shisei*) mit Blick zum *shinzen*. – Ende der Form.

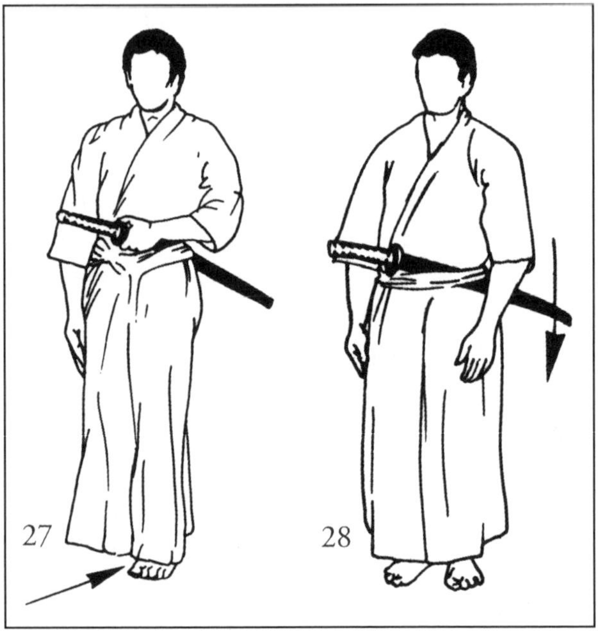

Hinweis: Bei der Beschreibung der folgenden Formen werden nicht mehr sämtliche Details der bereits in den Abschnitten »*kihon*« und »*mae*« dargestellten Bewegungen ausführlich erläutert.

2.2.2.3. Die zweite Form (nihon-me): Ushiro – hinten

Aus der Position mit Blick auf das *shinzen* dreht man sich um 180 Grad im Uhrzeigersinn, indem der linke Fuß vor den rechten gesetzt wird, bevor die Drehung erfolgt. Man lässt sich in die Position *seiza* nieder. Aus dieser Stellung, mit dem Rücken zum *shinzen*, erfolgt der Gegenangriff auf einen Angriff, der von hinten kommt (*ushiro*), und der von einem einzigen Angreifer ausgeführt wird. Man führt einen horizontalen Schnitt zur Schläfe aus, bevor man die Aktion mit einem vertikalen Schnitt beendet.

1. Ausgangsstellung.
2. Man nimmt einen Bedrohung von hinten wahr. Man ergreift das Schwert und stellt die Füße auf die Zehen. Es beginnt ein *nuki-tsuke* mit Hilfe des Daumens, der gegen das Stichblatt stößt, um die Klinge aus der Scheide zu bringen, mit der Schneide nach oben.

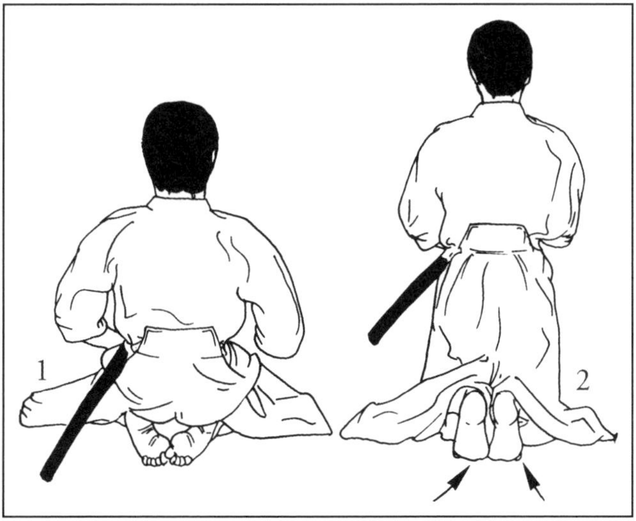

3. Das Schwert wird waagerecht gelegt und man beginnt es zu ziehen, verbunden mit einer Drehung nach links.
4. Die Drehung wird fortgesetzt, bis man sich vollständig umgedreht hat. Diese Drehung bewirkt, dass fast die gesamte Klinge gezogen wird. Um das Umwenden zu erleichtern, welche mit dem rechten Knie als Drehpunkt erfolgt, muss man sich gedanklich leichter werden lassen (man stellt sich vor, den Himmel mit dem Kopf nach oben zu schieben).
5. Man beendet den *nuki-tsuke*, indem man die Scheide simultan nach hinten zieht, wodurch die Klinge vollständig blankgezogen wird. Man führt einen Schnitt gegen die gegnerische Schläfe aus, während der linke Fuß kraftvoll auf dem Boden aufgesetzt wird.

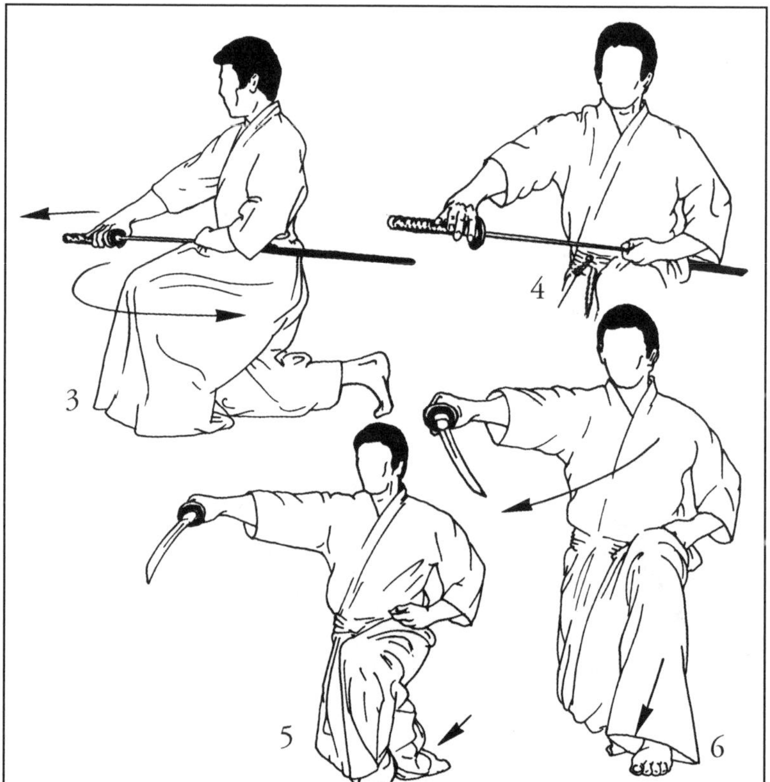

Die Fortsetzung dieser Form ist ab nun identisch mit der der Form mae *(ebenfalls ab Nr. 6), allerdings in der Haltung* gyakute *(das linke und nicht das rechte Bein ist vorn).*

6. Bedrohung (*seme*), wobei man das rechte Knie nahe der linken Ferse bringt.
7. Man beginnt auszuholen, indem zunächst ein Stich in Richtung des linken Ohrs erfolgt.
8. Ausholen über dem Kopf (*furi-kaburi*).
9. Schneiden (*kiri-tsuke*).

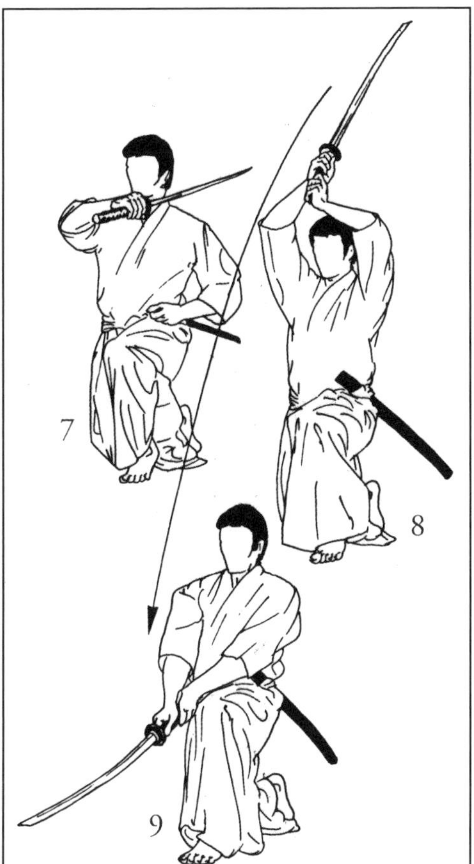

10. Mit der linken Hand den Griff nach außen drücken und dann loslassen, um das *tsuka* in der rechten Hand zu platzieren.
11. Beginn des *ō-chiburi*; die rechte Hand wird auf Höhe des Ohres gehoben, …
12. … der Unterarm wird eingebeugt, bis die Faust sich in der Nähe der Schläfe befindet, …
13. … und die Bewegung wird mit dem schrägen Abschlagen des Schwertes zum Abtropfen des Blutes von der Klinge beendet.

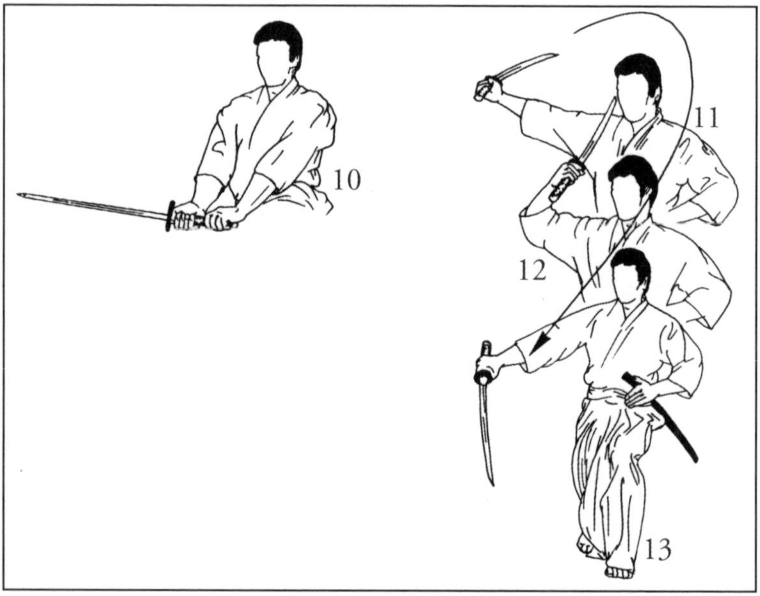

14. Der rechte Fuß wird auf Höhe des linken gebracht. Die Knie sind eingebeugt. Nun wird der linke Fuß zurückgesetzt, wobei die Ferse ein wenig erhoben ist.
15. Beginn des *noto*.
16. Gleichzeitig mit dem Ende der Bewegung wird das linke Knie auf den Boden gesetzt. Der linke Daumen kehrt zum *tsuba* zurück.

Ohne Abbildung: Man erhebt sich, indem man den linken Fuß auf Höhe des rechten bringt. Der Blick hebt sich zum Horizont. Man nimmt die natürliche Haltung *taito-shizei* ein.

Die Form wird genauso beendet wie die erste, *mae*, indem man drei kurze Schritte zurück macht, beginnend mit dem linken Fuß, und die Hände neben die Oberschenkel führt. – Ende der Form.

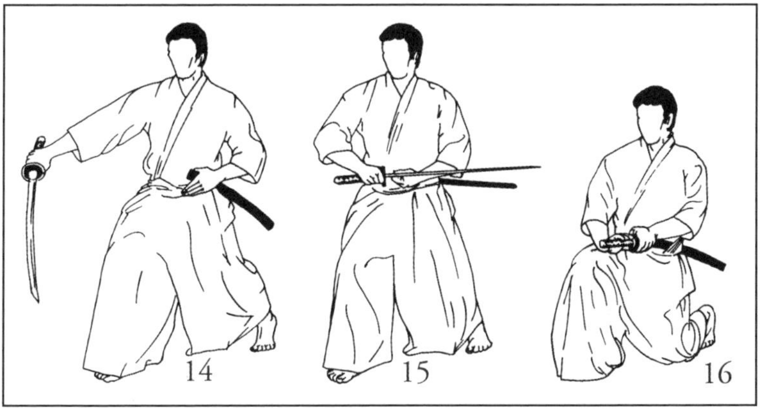

14 15 16

Die dritte Form (sanbon-me): Uke-nagashi – empfangen und ableiten

Aus der Position *seiza* (die Schwertseite ist zum *shinzen* ausgerichtet) führt man einen Gegenangriff auf einen Angriff, der von einem Gegner zur Linken ausgeführt wird. Man nimmt den Angriff entgegen und leitet ihn dann um (*uke-nagashi*), bevor man selbst einen Schlag ausführt. Man beginnt, indem man sich nach rechts wendet, um sich in die Haltung *seiza* niederzulassen (Ausgangsposition).

1. Ausgangsposition.
2. Der Gegner nähert sich. Man dreht den Kopf in seine Richtung, nach links, bringt die Knie näher zueinander und ergreift das Schwert.

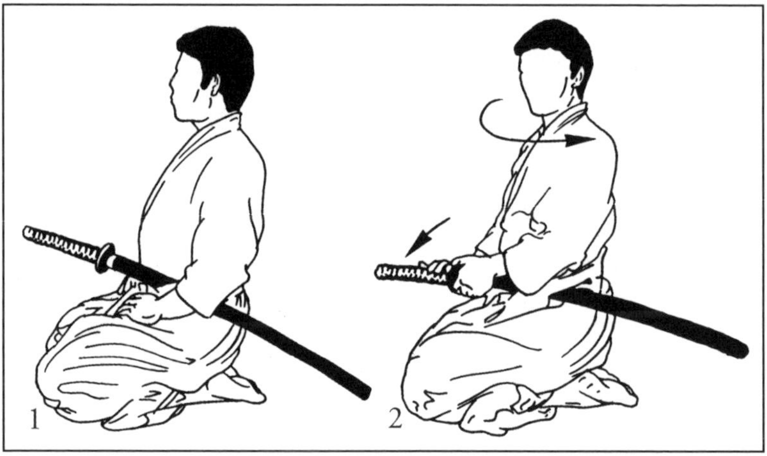

3. Man richtet sich leicht auf, indem man sich auf die Zehen des rechten Fußes stützt und den linken Fuß auf Höhe des rechten Knies bringt. Währenddessen beginnt man das Schwert zu ziehen.
4. Der Gegner greift an. Um den Schlag zu parieren, schützt man sich mit dem Schwert, welches inzwischen vollständig gezogen ist, während man sich erhebt. Der rechte Fuß kommt im rechten Winkel zum linken zu stehen. Während dem Gegner der Rücken der Klinge (*shinogi*: die dickere Seite) präsentiert wird, lässt man die Klingenspitze in Richtung Boden ausgerichtet, so dass ein allzu heftiges Zusammenprallen verhindert wird. Der dahinterstehende Gedanke besagt, dass man die Klinge und die Kraft des Gegners entlang der Klinge abgleiten lässt. Man darf nicht vergessen, dass jener von oben nach unten schneidet, und dass er steht, das heißt, sich anfangs oberhalb von einem selbst befindet. Beim Abwehren muss der Körper idealerweise leicht nach rechts geneigt sein.

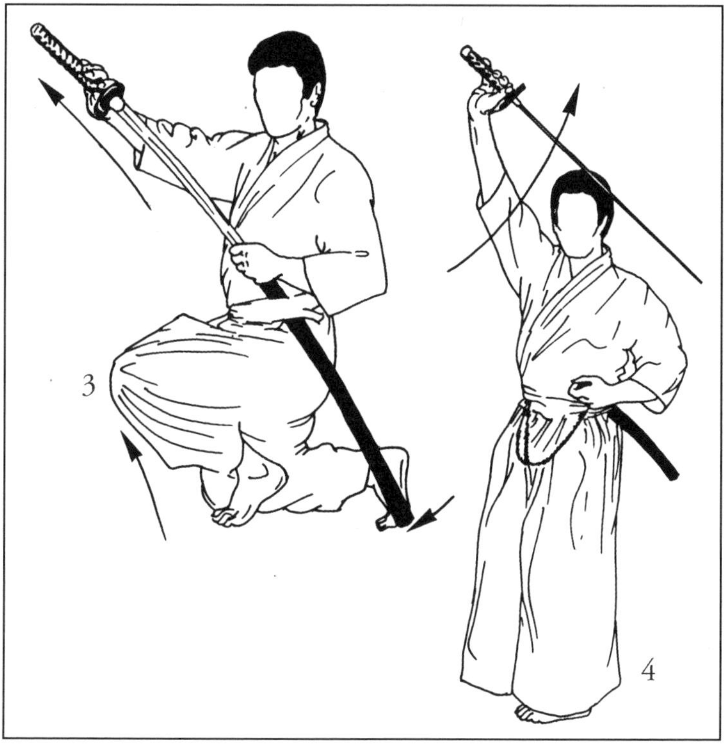

5. Der Gegner wird durch seinen eigenen Schwung mitgerissen. Man folgt seinem aus dem Gleichgewicht gebrachten Körper, indem man die Hüften leicht nach links dreht und den linken Fuß zurücksetzt, während man zugleich mit dem Schwert in der rechten Hand ausholt. Man steht nun in natürlicher Haltung direkt dem Angreifer gegenüber. Man beginnt einen schrägen Schnitt (*kiri-tsuke*), der von der Schulter bis zur Hüfte geführt wird.
6. Die linke Hand wird ebenfalls zum Griff gebracht und führt den Schnitt mit zu Ende aus. – Es folgt die Haltung *zanshin*.
7. und 8. *Ko-chiburi* (siehe auch Bildtafel H auf Seite 74). Die Klingenspitze ruht auf dem rechten Oberschenkel. Die linke Hand bewegt sich nicht, während man mit der rechten Hand umgreift.
9. Beginn des *noto* (siehe Detailzeichnungen auf Bildtafel J, Seite 78). Man steckt das Schwert in die Scheide, ohne die Haltung zu verändern.

Ohne Abbildung: Genau am Ende der Bewegung wird das linke Knie auf dem Boden aufgesetzt. Die rechte Hand bleibt ständig in umgekehrter Haltung (mit der Handfläche nach oben) am *tsuka*.

Man steht rasch auf, indem man den hinteren Fuß nach vorn bringt, so dass beide Füße parallel stehen. Die rechte Hand wird vom Schwertgriff genommen, und man nimmt die Haltung *taito-shizei* ein. Indem man einen halben Schritt macht (beginnend mit dem linken Fuß), gelangt man wieder in die Ausgangshaltung. – Ende der Form.

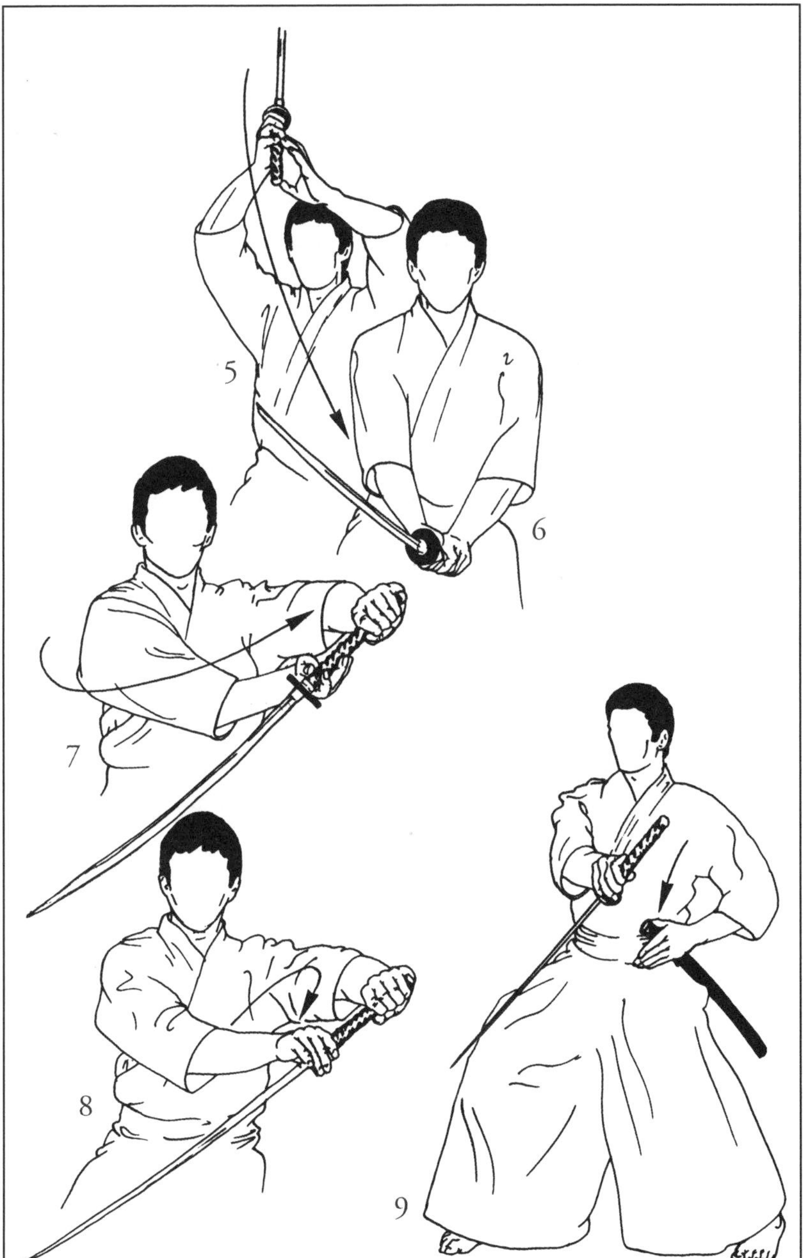
5
6
7
8
9

Die vierte Form (yonhon-me): Tsuka-ate – Stoß mit dem Griff

Man wehrt die gleichzeitig erfolgenden Angriffe zweier Gegner ab, die sich vor und hinter einem befinden. Dies geschieht aus einer neuen Haltung heraus – *tate-hiza*, mit Blick zum *shinzen*. Man stößt den Schwertknauf in den Solarplexus des vor einem stehenden Gegners, bevor man das Schwert zieht und einen Stich gegen den hinter einem stehenden ausführt. Abschließend wendet man sich erneut dem vorderen Gegner zu und führt gegen ihn einen vertikalen Schnitt.

1. Ausgangsstellung
2. Da der Angriff unmittelbar bevorsteht, ergreift man selbst die Initiative: Beide Hände werden ans Schwert gebracht.
3. Man richtet sich auf (verbunden mit der Vorstellung, mit dem Kopf den Himmel nach oben zu schieben) und versetzt dem Gegner direkt von vorn einen Stoß mit dem Ende des Schwertgriffs (*tsuka-gashira*) in den Solarplexus. Das Schwert bleibt dabei in der Scheide, mit der Schneide nach oben. Dieser Stoß (*tsuka-ate*) erfolgt auf direkte Weise; der rechte Fuß wird dabei kraftvoll vorn aufgesetzt, um den *kime* zu markieren, das heißt, den Geist hinter der Entscheidung für die Aktion.
4. Am Ort und ohne den rechten Arm zu bewegen, wird die Scheide mit der linken Hand zurückgezogen, bis die Hand die Hüfte berührt (dahinter steht der Gedanke einer Finte – der zweite Angreifer, der hinter einem steht, soll glauben, man sei dabei, das Schwert wieder in die Scheide zu stecken).
5. Voll Selbstvertrauen erhebt der zweite Angreifer seine Waffe über den Kopf, um zuzuschlagen. Man wendet den Kopf und auch die Hüften und den Oberkörper nach links, indem man sich um 90 Grad auf dem linken Knie entgegen dem Uhrzeigersinn dreht. Verbunden mit dieser Schwenkbewegung wird die Scheide nach hinten gezogen, so dass das Schwert blankgezogen ist. Die Klingenspitze ist nun vor dem linken Brustmuskel. Die Klinge ist horizontal ausgerichtet, mit der Schneide vom Körper weg zeigend.
6. Mit einer knappen, lockeren Bewegung der rechten Hand wird nun ein Stich nach hinten ausgeführt, während die linke Hand simultan

dazu die Scheide in die entgegengesetzte Richtung zieht, bis sich der *koiguchi* vor dem Nabel befindet. Dieser exakt horizontal geführte Stich auf Ebene des Solarplexus des Gegners setzt diesen außer Gefecht. – Achtung: Während dieser Aktion darf das erhobene rechte Knie sich nicht nach innen bewegen.

7. Sofort muss man seine Aufmerksamkeit wieder dem ersten Gegner zuwenden, der endgültig außer Gefecht gesetzt werden muss. – Die Scheide wird nach hinten gezogen, während die rechte Hand die Klinge aus der Wunde des hinteren Gegners herauszieht und damit beginnt, auszuholen. Der Blick ist wieder nach vorn gerichtet.

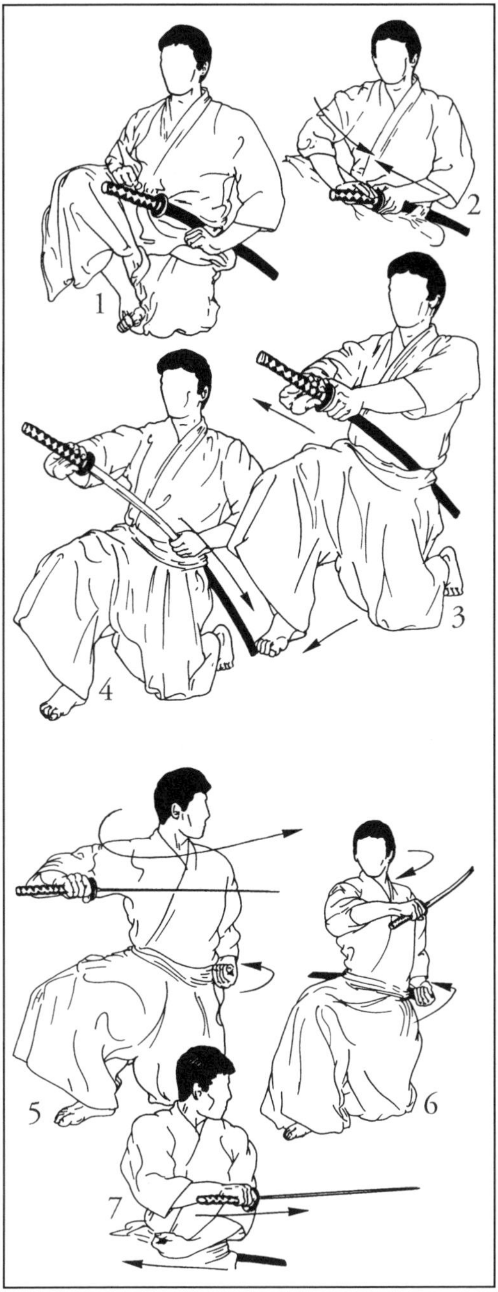

8. Es erfolgt ein *furi-kaburi*, wobei das linke Bein in seine Ausgangsausrichtung zurückgeführt wird (das linke Knie fungiert hierbei als Drehpunkt); die Hüften werden dadurch wieder nach vorn ausgerichtet.
9. *Kiri-tsuke*, anschließend *zanshin*.
10. *Yoko-chiburi* (*migi-ni-hiraite-no-chiburi*): Mit einem harten Schlag nach rechts wird das Blut von der Klinge entfernt, während die linke Hand wieder zur Scheide zurückkehrt, bei der Hüfte (siehe auch Bildtafel G auf Seite 73). – Achtung: Die rechte Faust muss sich auf gleicher Höhe wie die linke Hand befinden, und die Spitze des *katana* muss leicht nach außen und ein wenig nach unten zeigen.
11. Beginn der Aktion des *noto*.
12. Gleichzeitig mit dem Ende dieser Aktion wird der rechte Fuß zurückgesetzt, auf Ebene der linken Wade. Die Hüften sind in der Haltung *sonkyo*, das linke Knie ist auf dem Boden. Die Körperhaltung ist aufrecht (Ansicht von vorn und von hinten).

Ohne Abbildung: Man richtet nun den linken Fuß auf, so dass er auf den Zehen steht und bringt den rechten Fuß nach vorn. Der Rücken ist sehr aufrecht, und die Hände bewegen sich dabei nicht (analog zu Zeichnung 16 der zweiten Form auf Seite 105). Man richtet sich auf, indem der linke Fuß auf die Höhe des rechten gebracht wird (Endstellung, analog zu Zeichnung 25 der ersten Form, *mae* (Seite 99)). Man beschließt die Form wie die *mae*, indem man drei kurze Schritte zurück geht (beginnend mit dem linken Fuß) und die Hände an die Seiten der Oberschenkel bringt. Natürliche Haltung *taito-shizei*. – Ende der Form.

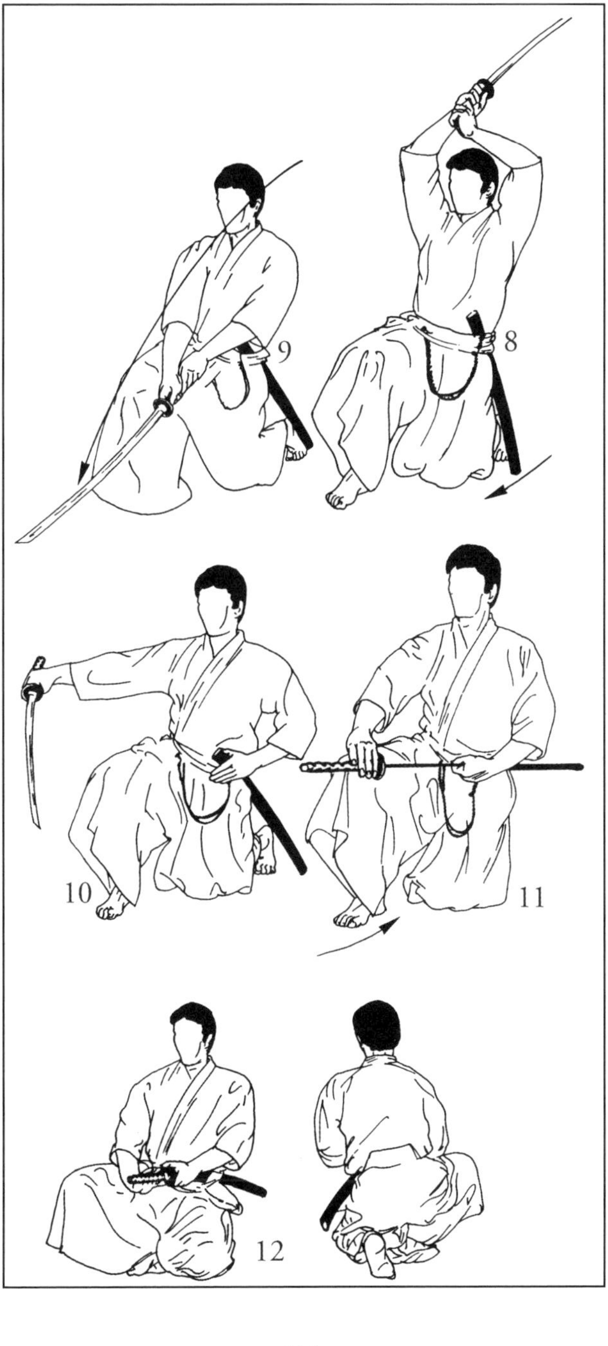
9
8
10
11
12

Die fünfte Form (gohon-me): Kesa-giri – schräger Schnitt

Man steht im *shizentai*, mit Blick zum *shinzen*, um den Angriff eines einzelnen Gegners, der von vorn kommt, abzuwehren. Man führt zwei diagonale Schnitte aus, zuerst von unten nach oben, von der Taille des Gegners ausgehend, und dann von oben nach unten, beginnend an seiner linken Schulter.

1. Ausgangsstellung.
2. Man macht einen ersten Schritt mit dem rechten Fuß in Richtung Gegner.
3. Mit dem zweiten Schritt – der linke Fuß wird vorgesetzt – ergreifen beide Hände das Schwert und drehen es mit der Schneide nach unten (das heißt, das *saya* wird im Uhrzeigersinn gedreht). Man beginnt, das Schwert zu ziehen.
4. Auf einen dritten Schritt (mit dem rechten Fuß) wird das Schwert vollständig blankgezogen, und man führt einen schrägen Schnitt von unten nach oben aus (*kesa-giri*), bis zur linken Schulter des Gegners. Am Ende des Schnittes befindet sich die rechte Hand schräg vorn rechts, oberhalb Schulterhöhe.
5. Die rechte Hand dreht die Klinge unverzüglich um und bringt das Schwert herab, um einen zweiten Schnitt vorzubereiten, während die linke Hand das *saya* in seine Ausgangsstellung bringt (Krümmung nach oben).
6. Die linke Hand greift nun ebenfalls das *tsuka*. Der zweite Schnitt erfolgt in der selben Ebene wie der erste. Am Ende der Bewegung muss sich die linke Hand vor dem Nabel befinden und das *kissaki* der Waffe muss nach links zeigen, ein wenig unterhalb der Horizontalen. – Achtung: Beide Schnitte müssen in einer fließenden Folge ausgeführt werden.
7. Der rechte Fuß wird zurückgesetzt, und man nimmt die Bereitschaftshaltung *hassō* ein. Das *tsuba* ist auf Höhe des Kinns, die Klingenspitze zeigt leicht nach hinten. Geist und Haltung entsprechen dem *zanshin*.
8. Während der linke Fuß zurückgesetzt wird, führt man *chiburi* (*kesa-ni-furi-oroshite-no-chiburi*) aus, indem man das Schwert in einer schrägen Ebene nach unten bringt. Die linke Hand umgreift das *koiguchi*.

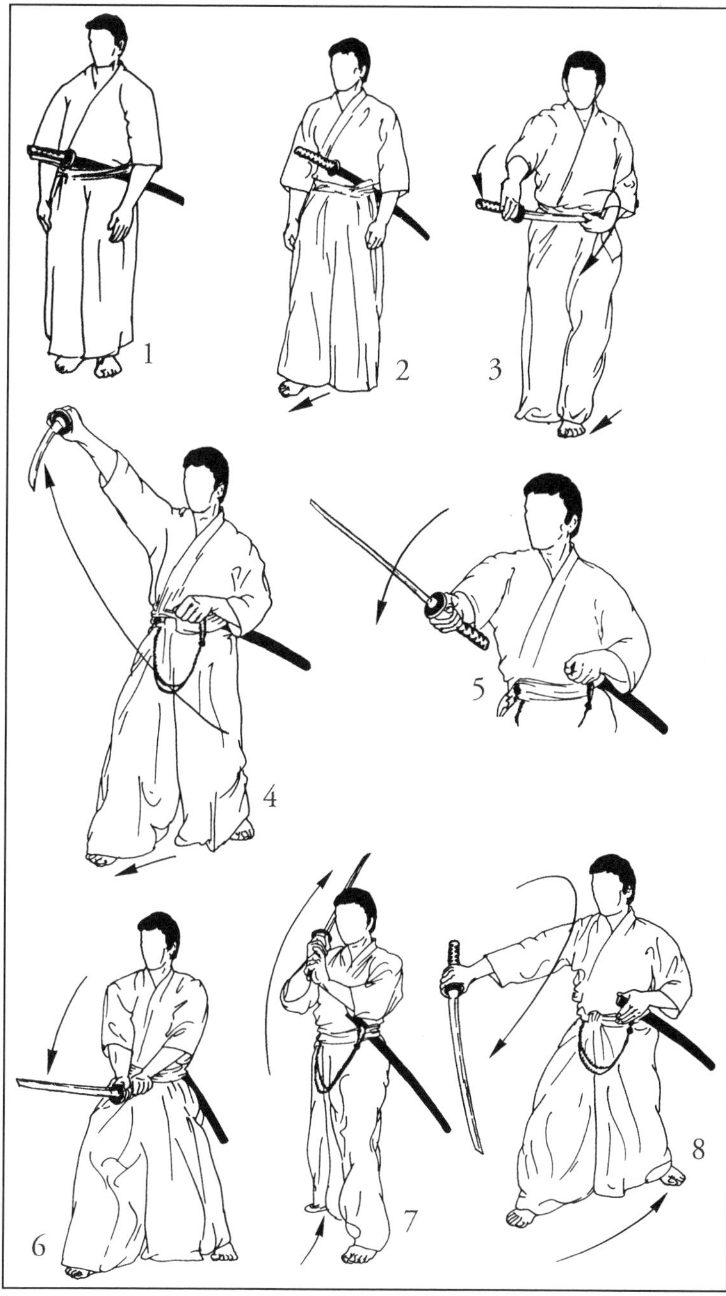
1
2
3
4
5
6
7
8

Ohne Abbildung: Man steckt das Schwert nun am Ort wieder in die Scheide (*noto*: analog zu Zeichnung 15 der zweiten Form auf Seite 105). Die Hände werden neben die Oberschenkel gebracht – natürliche Haltung *taito-shizei*. Man beendet die Form wie die *mae*, indem man drei kurze Schritte zurück macht (mit dem linken Fuß beginnend), bis man die Ausgangsstellung wieder eingenommen hat. – Ende der Form.

Die sechste Form (roppon-me): Morote-zuki – Stich mit beiden Händen

Man steht im *shizentai*, mit Blick zum *shinzen*, um drei Gegner abzuwehren. Zwei von ihnen kommen von vorn, einer von hinten. Man reagiert nach vorn mit einem Schnitt gegen die Schläfe des ersten Gegners, dessen Angriff man zuvorkommt, gefolgt von einem Stich in seinen Solarplexus, dreht sich um und schneidet den Gegner, der sich hinter einem befindet, mit einem vertikalen Schnitt, wendet sich wieder nach vorn, um den letzten Gegner ebenfalls mit einem vertikalen Schnitt außer Gefecht zu setzen.

1. Ausgangsstellung.
2. Es erfolgt ein erster Schritt mit dem rechten Fuß nach vorn.
3. Auf dem zweiten Schritt (linker Fuß) ergreift man das Schwert mit beiden Händen und bewegt es so, dass es leicht nach links geneigt ist.
4. Erneut wird ein Schritt mit dem rechten Fuß ausgeführt, und man kommt dem ersten Angriff zuvor, indem man das Schwert zieht und einen schrägen Schnitt (*nuki-tsuke*) zur Schläfe des Gegners hin führt. Der Oberkörper ist leicht seitlich ausgerichtet.
5. Der linke Fuß wird unmittelbar hinter den rechten gesetzt. Die rechte Hand führt das Schwert bis zur Mitte des Körpers. Am Ende des Schnittes ergreift auch die linke Hand das *tsuka*, so dass man in der Haltung *chūdan-no-kamae* steht. – Achtung: Während das Schwert sich nach unten bewegt, sollen die Hände nicht zurückgezogen werden.

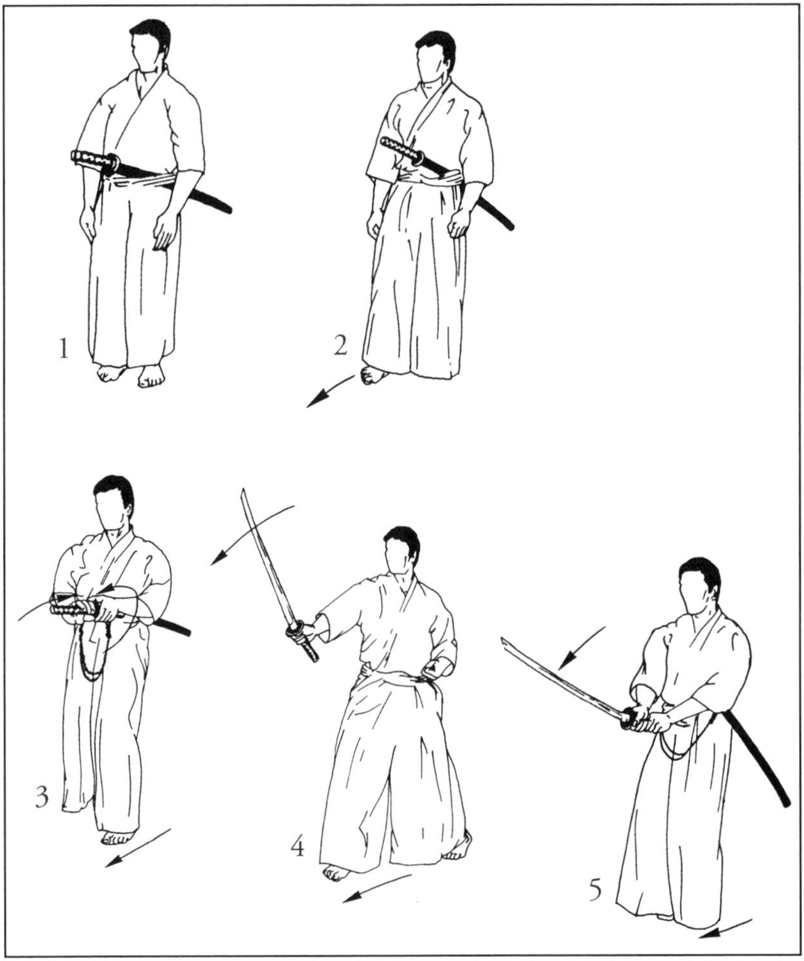
1
2
3
4
5

6. Es erfolgt ein kraftvoller Gleitschritt mit dem rechten Fuß nach vorn, während dessen ein Stich (*tsuki*) mit beiden Händen in den Solarplexus des Gegners erfolgt. Diese Aktion erfolgt unter starker Einbeziehung der Hüften, und der Geist des *seme* (Bedrohung) wird aufrechterhalten.
7. Die Klinge wird aus der Wunde herausgezogen. Man dreht sich links herum um 180 Grad, mit dem rechten Fuß als Drehpunkt, und hebt die Waffe in hohe Bereitschaftshaltung.
8. Man steht nun dem zweiten Gegner gegenüber und führt einen Schnitt von oben nach unten aus (*kiri-tsuke* oder *kiri-oroshi*), während man den rechten Fuß nach vorn setzt.

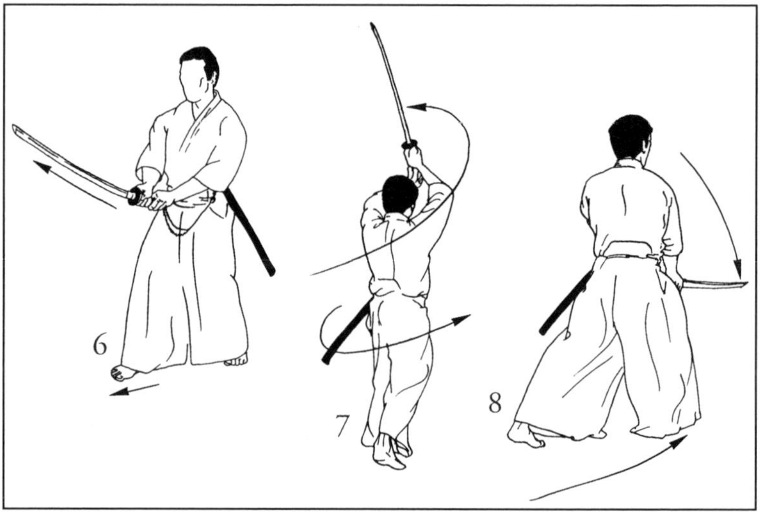

9. Man dreht sich erneut links herum um 180 Grad und hebt das Schwert in hohe Bereitschaftshaltung.
10. Indem man auf diese Weise wieder in der ursprünglichen Richtung steht, dem ersten Gegner gegenüber, der bereits außer Gefecht gesetzt wurde, führt man nun einen Schnitt gegen den dritten Gegner aus (*kiri-tsuke*), während der rechte Fuß nach vorn gesetzt wird.

Die Geisteshaltung *zanshin* wird aufrechterhalten, nachdem alle drei Gegner außer Gefecht gesetzt wurden.

11. Am Ort wird *yoko-chiburi* (*migi-ni-hiraite-no-chiburi*) ausgeführt, wobei die linke Hand zur Scheide an der Hüfte zurückgeführt wird.
12. Das Schwert wird wieder in die Scheide gesteckt (*noto*).

Ohne Abbildung: Man bringt den hinteren Fuß auf Höhe des vorderen und geht wieder in *taito-shizei*. Man geht drei kurze Schritte zurück (mit dem linken Fuß zuerst), wie in der vorherigen Form. – Ende der Form.

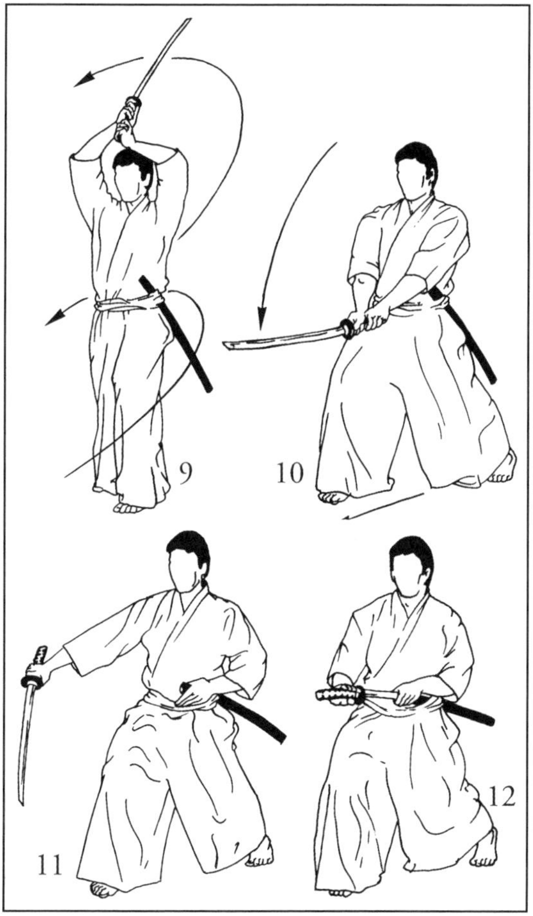

Die siebente Form (nanahon-me): Sanpo-giri – Schnitte in drei Richtungen

Während man geht, sieht man sich mit drei Gegnern konfrontiert, die zur Linken, zur Rechten und vor einem stehen. Man muss daher »in drei Richtungen schneiden«: Der erste Schnitt gilt dem Gegner zur Rechten, der zweite dem zur Linken und der dritte dem Gegner, der vor einem steht. Man beachte, dass, wie in allen Formen, die *kata* den Praktizierenden lehrt, beim Reagieren Prioritäten zu setzen, mit einem scharfen Sinn für das Timing (den rechten Moment für die Aktion) und die Distanz (*ma-ai*), wobei diese beiden Parameter miteinander zusammenhängen. Dies gilt besonders für die Formen, in denen man mit mehr als zwei Gegnern konfrontiert ist.

Ohne Abbildung: Man beginnt im Stehen, mit Blick zum *shinzen*. Aus dieser Ausgangsstellung heraus (wie in Zeichnung 1 der sechsten Form auf Seite 117 dargestellt), macht man fünf Schritte nach vorn, beginnend mit dem rechten Fuß. Auf den vierten Schritt (mit dem linken Fuß) dreht man die linke Fußspitze ein wenig nach rechts.

1. Man wendet den Blick zum rechts stehenden Gegner, der als der bedrohlichste wahrgenommen wird. Zugleich beginnt man, mit dem linken Fuß gewissermaßen als Achse, den rechten Fuß leicht nach vorn rechts zu setzen (dies ist der fünfte Schritt), wobei man das Schwert zu ziehen beginnt. Während dies geschieht, stößt man in seiner Vorstellung den Gegner, der vor einem steht, zurück.
2. Der rechte Fuß wird 45 Grad nach rechts gesetzt. Die Scheide wird nach hinten gezogen, so dass das Schwert vollständig gezogen wird und unverzüglich einen Schnitt ausführt (*nuki-tsuke*). Dieser kraftvolle Schnitt wird mit nur einer Hand ausgeführt, diagonal und auf Höhe des Gesichts, vom Schädeldach bis zum Kinn.
3. Man wendet sich links herum um 180 Grad, indem der rechte Fuß als Drehpunkt genutzt wird, um dem Angriff des zweiten Gegners zu begegnen, und man hebt dabei das Schwert über den Kopf.
4. Am Ort führt man einen Schnitt von oben nach unten (*kiri-tsuke*) bis in die Mitte des Körpers aus.

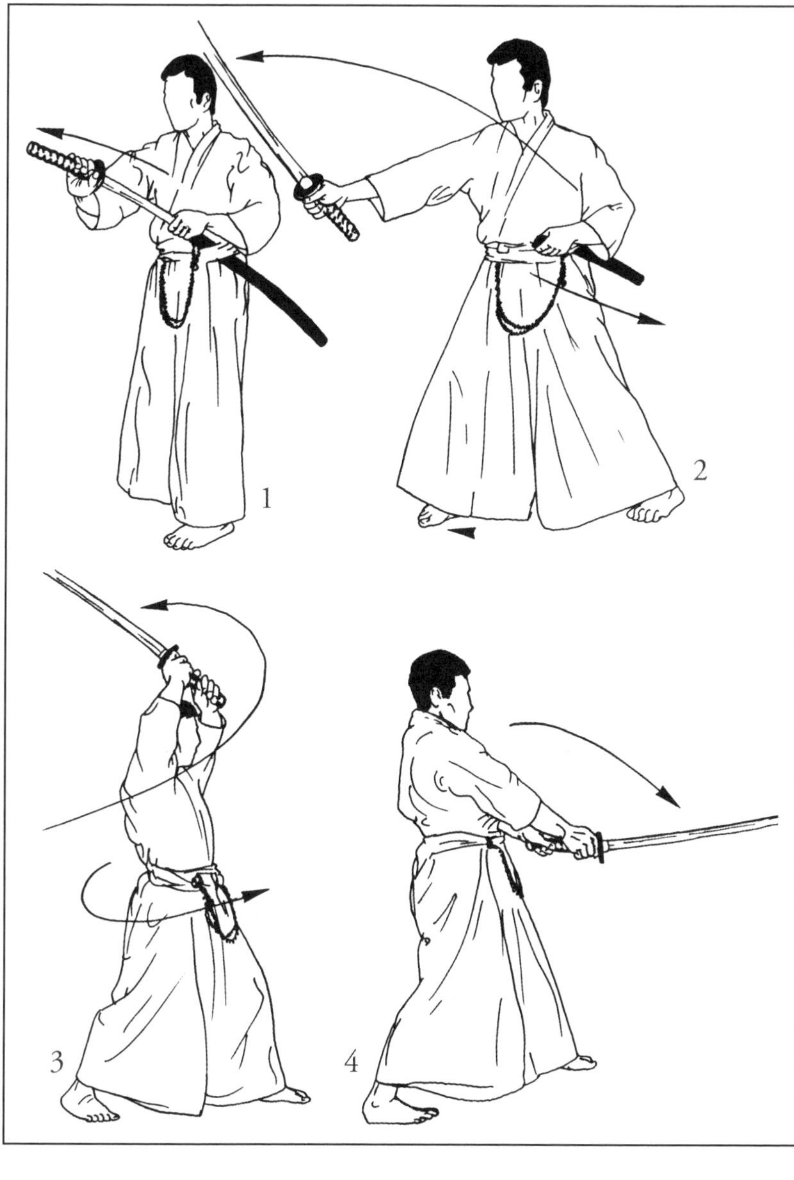
1
2
3
4

5. Man dreht sich auf dem linken Fuß um 90 Grad nach rechts, um sich dem dritten Gegner zuzuwenden, während man das Schwert in eine hohe Bereitschaftshaltung hebt (wie in Abbildung 6, aber mit dem rechten Fuß vorn: *Uke-nagashi*). Man führt den Schnitt (*kiri-tsuke*) aus, indem man erst mit dem rechten Fuß und dann mit dem linken einen Gleitschritt ausführt, mit Unterstützung der Hüften.
6. Der rechte Fuß wird zurückgesetzt, während man erneut das Schwert in hohe Bereitschaftshaltung hebt – *morote-hidari-jōdan-no-kamae* –, in einem Winkel von 45 Grad. *Zanshin*.
7. Der linke Fuß wird zurückgesetzt, während man *chiburi* (*kesa-ni-furi-oroshite-no-chiburi*) ausführt.

Ohne Abbildung: Am Ort wird das Schwert wieder in die Scheide gesteckt (*noto*). Man bringt den hinteren Fuß auf Höhe des vorderen und geht wieder in *taito-shizei*. Man geht fünf kurze Schritte zurück (mit dem linken Fuß zuerst) an den Ausgangsort. – Ende der Form.

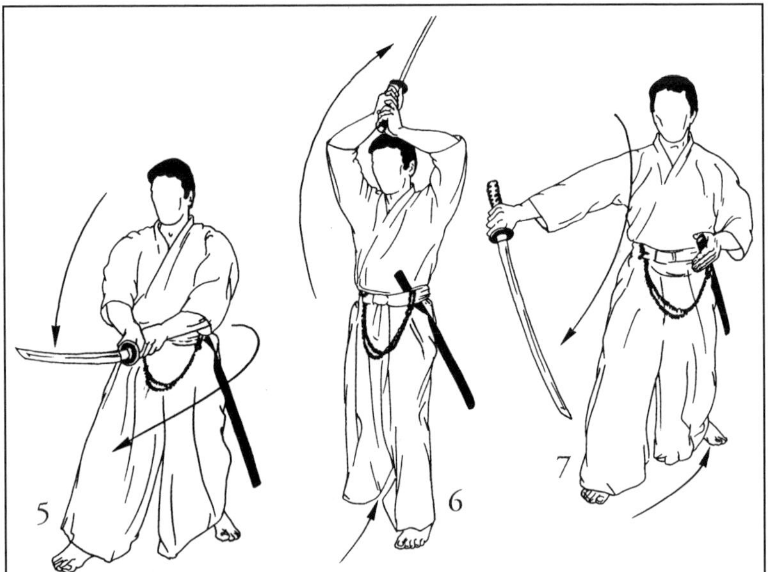

Die achte Form (happon-me): Gan-men-ate – Stoß ins Gesicht

Während man geht, wird man mit zwei Gegnern konfrontiert. Einer kommt von vorn, der andere von hinten. Man führt einen *tsuka-ate* in das Gesicht des ersteren aus und dann einen Stich mit dem *kissaki* gegen den hinteren Gegner. Anschließend wendet man sich wieder dem ersten Gegner zu und setzt ihn mit einem vertikalen Schnitt endgültig außer Gefecht.

Ohne Abbildung: Man steht (wie in Abbildung 1 der sechsten Form auf Seite 117) mit dem Blick zum *shinzen*. Man geht drei Schritte nach vorn, beginnend mit dem rechten Fuß. Während man den linken Fuß nach vorn setzt, ergreift man mit beiden Händen den Schwertgriff.

1. Man macht einen weiteren Schritt mit dem rechten Fuß und stößt dem Gegner kraftvoll den Schwertgriff (*tsuka-gashira*) zwischen die Augen. Die Hände bleiben am Griff und werden zugleich nach vorn und nach oben gestoßen. Das Schwert bleibt dabei vollständig in seiner Scheide.

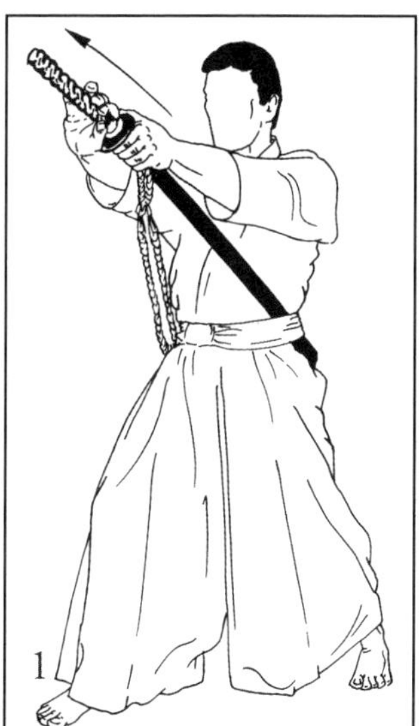

2. Ohne die rechte Hand zu bewegen, zieht man mit der linken die Scheide nach hinten, um damit zu beginnen, das Schwert zu ziehen. – Bereits in der vierten Form gab es eine ähnliche Aktion (*tsuka-ate*), verbunden mit der Idee einer Finte.
3. Man wendet den Kopf, um über die linke Schulter zu blicken, und indem man den linken Fuß zur Seite setzt, dreht man sich um 180 Grad gegen den Uhrzeigersinn. Dabei wird die Scheide weiter nach hinten gezogen, so dass das Schwert am Ende der Drehung blankgezogen ist. Man steht nun dem zweiten Gegner gegenüber. Die Klinge ist horizontal ausgerichtet.
4. Die Hüften zeigen nach vorn. Die rechte Hand senkt das *tsuka* auf Höhe der rechten Hüfte. Die Klinge ist horizontal ausgerichtet und parallel zum Boden, die Schneide zeigt nach außen.
5. Der rechte Fuß wird nach vorn gebracht, und dabei erfolgt ein Stich (*tsuki*) in den Solarplexus. Das *kissaki* ist etwas höher als die rechte Hand.
6. Die Klinge wird wieder zurückgezogen, und man wendet sich links herum auf dem rechten Fuß um 180 Grad, wobei man das Schwert 45 Grad nach hinten über den Kopf hebt zur Abwehr des nächsten Angriffs. Die linke Hand ist nun ebenfalls am Schwertgriff. Auf einen Schritt mit rechts führt man einen Schnitt aus. – *Zanshin.*

Ohne Abbildung: Am Ort wird ein *yoko-chiburi* ausgeführt (wie in Zeichnung 7 der siebenten Form auf Seite 122: *Migi-ni-hiraite-no-chiburi*), und anschließend wird das Schwert am Ort wieder in die Scheide gesteckt (*noto*). Man bringt den hinteren Fuß auf Höhe des vorderen und geht wieder in *taito-shizei*. Man geht drei kurze Schritte zurück (mit dem linken Fuß zuerst) an den Ausgangsort. – Ende der Form.

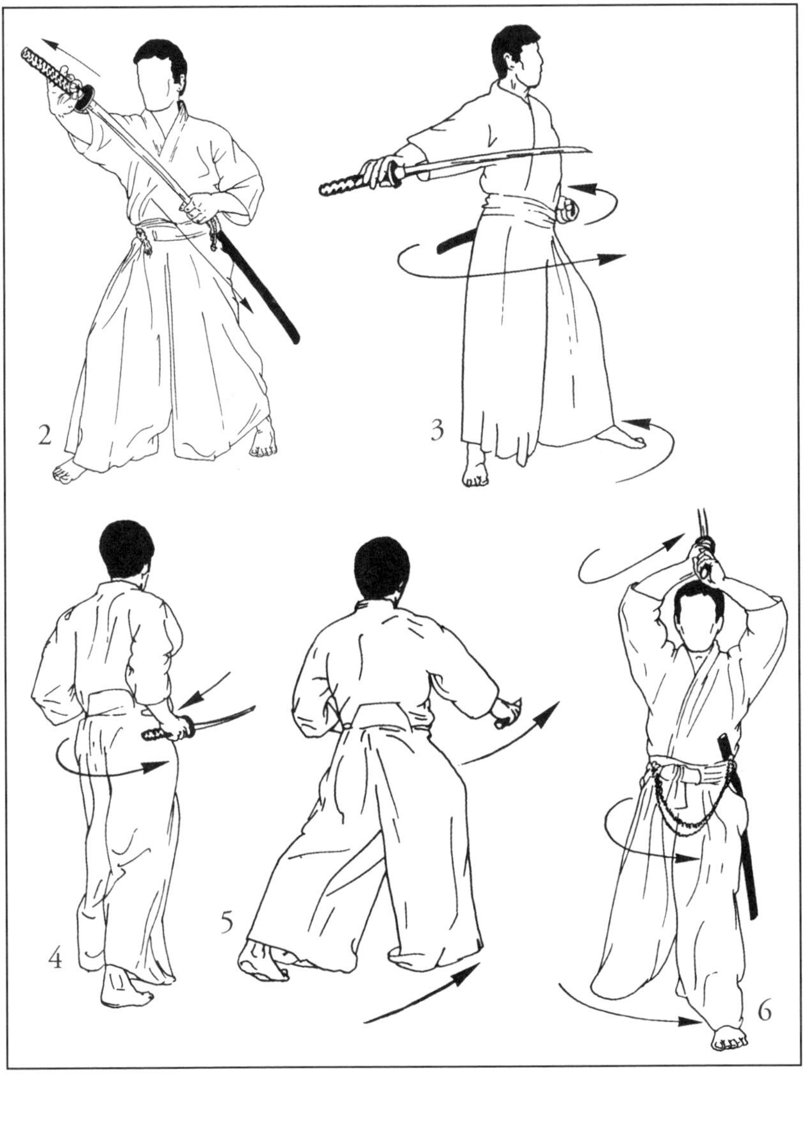
2
3
4
5
6

Die neunte Form (kyūhon-me): Soete-zuki – Stich mit angelegter Hand

Man steht mit Blick zum *shinzen*, um auf den Angriff eines einzigen Gegners zu reagieren, der von links kommt. Man führt zunächst einen diagonalen Schnitt aus und stößt ihm dann das Schwert in den Bauch.

Ohne Abbildung: Die Ausgangsposition entspricht der auf Zeichnung 1 der sechsten Form auf Seite 117 dargestellten.

1. Langsam wird der rechte Fuß nach vorn gesetzt …
2. … und dann der linke, während die Hände das Schwert ergreifen.
3. Dritter Schritt: Der rechte Fuß wird nach vorn gesetzt. Daraufhin wird die Fußspitze nach links gedreht, in Richtung der Wölbung des linken Fußes. Gleichzeitig richtet sich der Blick nach links, auf den Gegner (siehe Details auf Abbildung 3a).
4. Ohne innezuhalten, beginnt man, sich auf dem rechten Fuß nach links zu drehen, wobei das erste Drittel der Klinge aus der Scheide gezogen wird.
5. Daraufhin wird die Drehung der Hüften verstärkt, während der linke Fuß auf die neue Achse gesetzt wird.
6. Schließlich ist das Schwert vollständig gezogen, und man schlägt entweder entlang einer schrägen Linie (*kesa*) die rechte Hand des Gegners ab, der gerade blankziehen will, oder man führt einen Schnitt von seiner Schulter bis zur Taille aus (*nuki-tsuke*). – Siehe Abbildung 6a für die Vorderansicht.

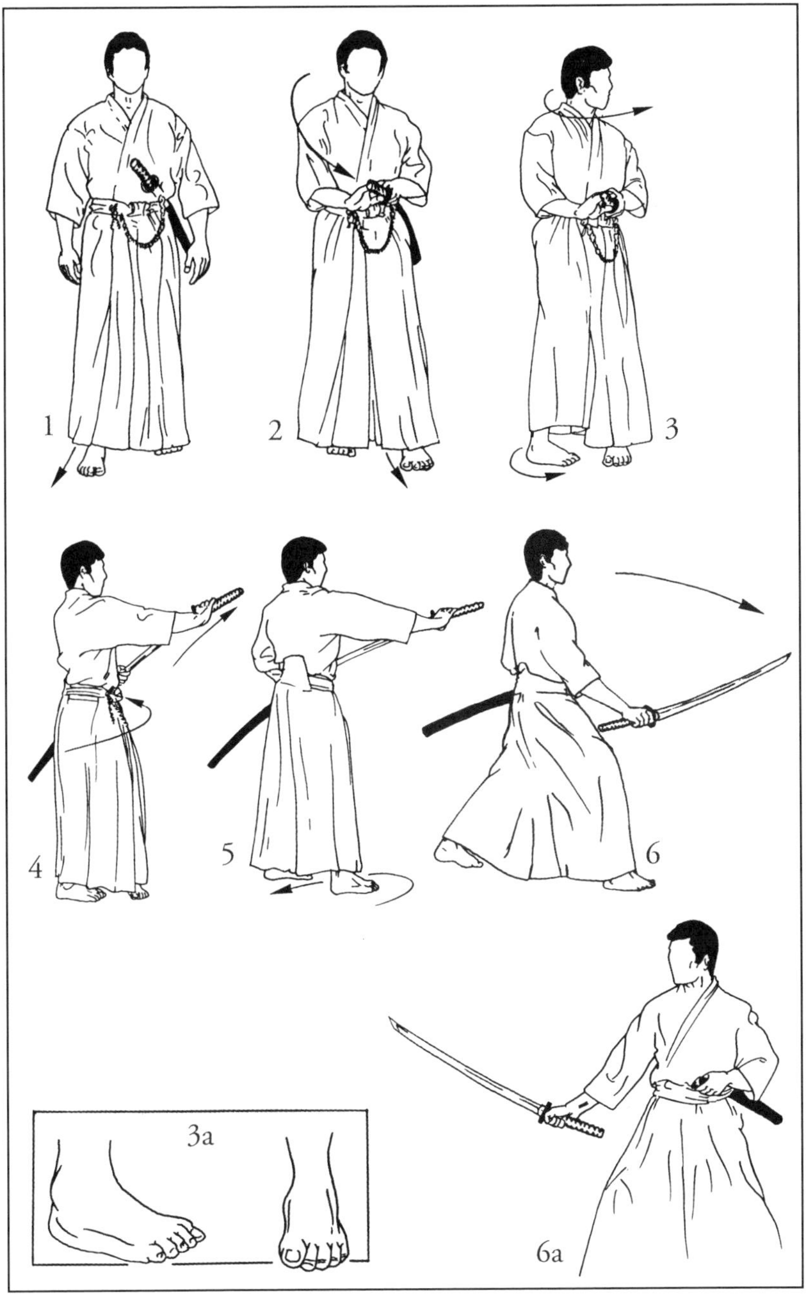
1
2
3
4
5
6
3a
6a

7. Man weicht zurück und setzt den rechten Fuß nach rechts, verbunden mit einer Drehung der Hüften in diese Richtung (siehe Details in Abbildung 7a). Während dieses Rückzugs gelangt die rechte Hand zur rechten Hüfte, während die linke am Rücken des Schwerts platziert wird, am vorderen Drittel der Klinge, mit der Handfläche zum Körper, und dort einen gewissen Druck ausübt. – Die Klinge wird horizontal gehalten, in der Gabelung zwischen Daumen und Zeigefinger. Dies ist die Haltung *soete-zuki-no-kamae*. Der Oberkörper ist leicht nach rechts geneigt.
8. Die Position der Hände wird beibehalten, während man auf einen Schritt mit dem linken Fuß einen *tsuki* (Stich mit dem *kissaki*) ausführt, verbunden mit einem kraftvollen Stoß der Hüften. Die linke Hand führt die Klingenspitze und verhindert, dass sie beim Auftreffen von ihrem Kurs nach oben abweicht. Die rechte Hand, unterstützt von den Hüften, führt den Stoß so, dass der gesamte Körper wie ein Block in den Stoß hineingeht. Die Klinge dringt nur einige Zentimeter in den Bauch des Gegner sein. Am Ende der Bewegung steht man praktisch seitlich zu ihm.
9. Am Ort wird die rechte Hand seitlich auf Höhe der rechten Schulter gehoben (was die Wirkung hat, dass die Wunde sich vergrößert). Die linke Hand, die noch immer die Klinge berührt (wobei die Schneide nach vorn und nach unten gerichtet ist), folgt der Bewegung des Schwertes nach links. Der Winkel zwischen Unterarm und Schwert beträgt etwa 90 Grad. Die Hüften bewegen sich nicht. *Zanshin.*
10. Die rechte Hand bleibt an ihrem Ort, während die linke zur Scheide geführt wird.
11. Der linke Fuß wird zurückgesetzt, während man mit einem harten Schlag das Blut von der Klinge abschlägt (*chiburi*, ausgeführt in einem Winkel von etwa 30 Grad: *Migi-no-hiraite-no-chiburi*).

Ohne Abbildung: Man steht nun wieder dem Gegner gegenüber. Der hintere Fuß wird auf Höhe des vorderen gesetzt, bevor man *taito-shizei* einnimmt. Nun wendet man sich um, so dass man wieder mit Blick zum *shinzen* steht. Man geht drei Schritte zurück (mit dem linken Fuß zuerst), bis man sich wieder am Ausgangsort befindet. – Ende der Form.

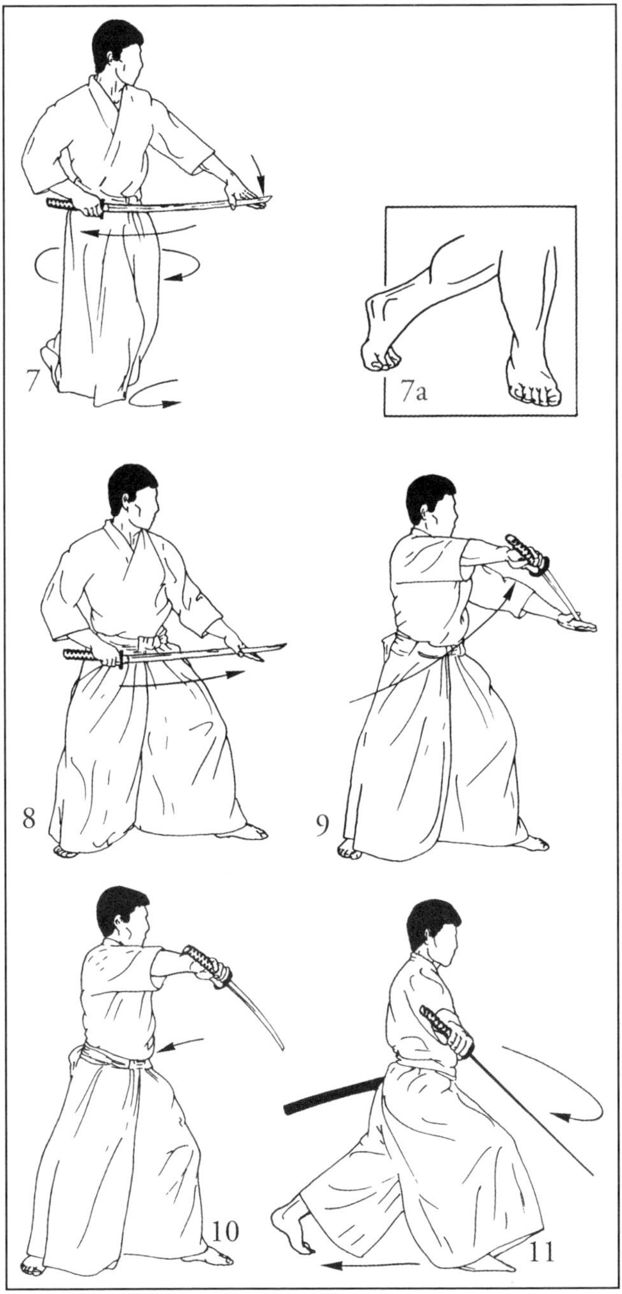
7
7a
8
9
10
11

Die zehnte Form (juppon-me): Shihō-giri – Schnitte in vier Richtungen

Man steht mit dem Blick zum *shinzen*, um auf die Angriffe von vier Gegnern zu reagieren, die diagonal aus vier Richtungen angreifen. Den ersten Gegner, der von rechts vorn kommt, wehrt man mit einem *tsuka-ate* ab. Dann führt man einen Stich gegen den zweiten, der von links hinten kommt und setzt daraufhin den ersten Gegner mit einem Schnitt außer Gefecht. Anschließend setzt man die anderen beiden Angreifer, die von rechts hinten und von links vorn kommen, mittels Schnitten außer Gefecht.

Ohne Abbildung: Die Ausgangsposition entspricht der in Abbildung 1 der sechsten Form auf Seite 117 dargestellten. Aus dieser Position wird nun der rechte Fuß nach vorn gesetzt.

1. Zweiter Schritt: Der linke Fuß wird nach vorn gesetzt, während man den Kopf nach rechts wendet (der erste Gegner wird doppelt bedroht: Mit dem Blick und durch das Ergreifen des Schwertes).
2. Dritter Schritt: Der rechte Fuß wird nach vorn gesetzt, aber dabei wird die Achse verändert (diese liegt nun 45 Grad nach rechts mit Bezug auf die ursprüngliche Achse der Form). Das hat die Wirkung, dass die Position sich öffnet. Das Schwert, noch immer in der Scheide, wird waagerecht gelegt, und man schlägt mit der flachen Seite des Schwertgriffs (*tsuka*) auf den Rücken der rechten Hand des Gegners, mit der dieser gerade sein Schwert ziehen wollte. Um die Wirkung des Schlags zu verstärken, nimmt man die »Knie heraus«, das heißt, man beugt die Knie schnell ein, um den Körperschwerpunkt abzusenken.
3. Man zieht das Schwert, indem man die Scheide mit der linken Hand nach hinten und mit der rechten den Griff nach vorn zieht (*saya-biki*). Diese Bewegung steht für zwei synchrone Aktionen: Der erste Gegner wird mit dem Ende des Schwertgriffs (*tsuka-gashira*) zurückgestoßen, während man beginnt, blankzuziehen, um den zweiten Gegner abzuwehren, dessen Angriff unmittelbar bevorsteht.
4. Das Schwert wird vollständig aus der Scheide gezogen, indem die Scheide noch weiter nach hinten gezogen wird. Der linke Fuß wird dabei nach links gesetzt, wodurch das linke Knie sich »öffnet« und das Gleichgewicht der Stellung verbessert wird (*hitoemi*).

5. Der zweite Gegner beginnt sein Schwert über den Kopf zu heben, bereit für seinen Schlag. – Man gleitet leicht nach links und führt einen *tsuki* gegen seinen Solarplexus, während die Scheide des Schwertes in Gegenrichtung gezogen wird. Diese synchrone Bewegung verstärkt den Schwertstoß.

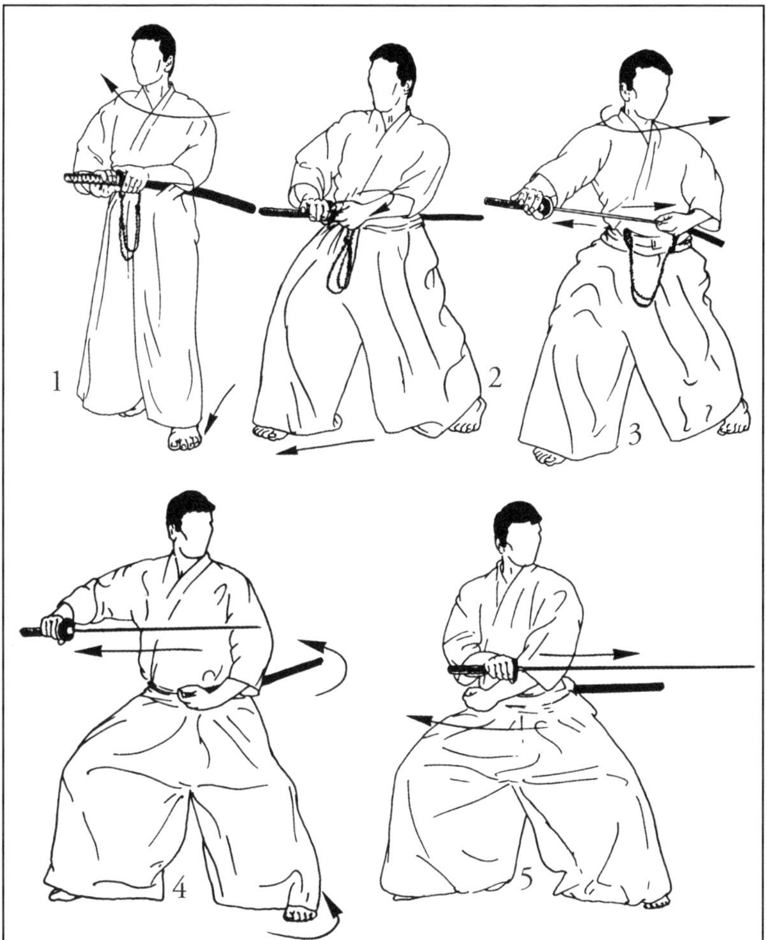

6. Nun muss der erste Gegner endgültig außer Gefecht gesetzt werden, der erst leicht getroffen ist. – Die Schwertklinge wird aus dem Körper des zweiten Angreifers gezogen, und während man sich auf dem rechten Fuß nach rechts wendet, hebt man das Schwert über den Kopf.
7. Es erfolgt ein Schnitt (*kiri-tsuke*) auf einem Schritt mit dem linken Fuß.
8. Der dritte Gegner kommt sehr nah von rechts. Man dreht die Hüften um 90 Grad nach rechts und holt aus (*furi-kaburi*). Der rechte Fuß steht vorn.
9. In dieser Stellung erfolgt ein Schnitt (*kiri-tsuke*).
10. Am Ort wird die Klinge aus der Wunde gezogen, während man den Kopf nach links richtet, um den vierten und letzten Gegner anzublicken.

Ohne Abbildungen: Man wendet sich links herum um 180 Grad. Dabei durchläuft die Waffe die Position *waki-gamae,* bevor man sie über den über den Kopf hebt (analog zu Zeichnung 6 der achten Form auf Seite 125) und den Schnitt ausführt (*kiri-tsuke*), wobei man den rechten Fuß nach vorn setzt (analog zu Zeichnung 5 der siebenten Form auf Seite 122).

Der rechte Fuß wird zurückgesetzt, und man nimmt eine hohe Bereitschaftshaltung ein (*morote-hidari-jōdan-no-kamae* – analog zu Zeichnung 6 der achten Form auf Seite 125). – *Zanshin.*

Der linke Fuß wird zurückgesetzt. Die rechte Hand schlägt das Schwert seitlich nach unten, um das Blut zu entfernen (*kesa-ni-furi-oroshite-no-chiburi* – analog zu Zeichnung 7 der siebenten Form auf Seite 122).

Das Schwert wird wieder in die Scheide gesteckt (*noto*). Der linke Fuß wird neben den rechten gestellt. Die rechte Hand wird neben den rechten Oberschenkel gebracht, so dass die natürliche Haltung *taito-shizei* eingenommen wird (wie Zeichnung 26 der ersten Form auf Seite 99). Beginnend mit dem linken Fuß, macht man drei kurze Schritte rückwärts, um an den Ausgangsort zurückzukehren. – Ende der Form.

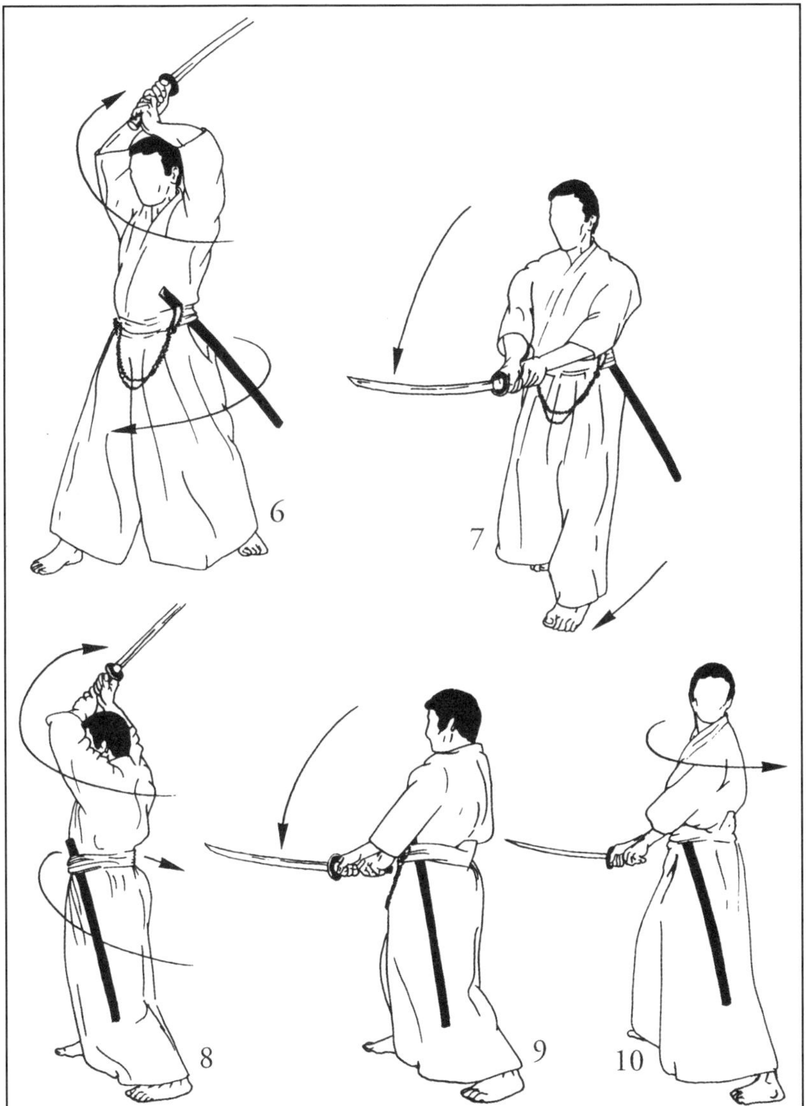
6
7
8
9
10

Die elfte Form (ju-ippon-me): Sō-giri – alle Schnitte

Während man geht, wird man mit einem von vorn kommenden Gegner konfrontiert. Man kommt seiner Absicht anzugreifen zuvor, indem man fünf Schnitte ausführt. Den ersten Schnitt führt man aus, während man drei Schritte nach vorn geht, beginnend mit dem rechten Fuß.

1. Man setzt den rechten Fuß nach vorn und dann den linken, während man den Schwertgriff erfasst. Man zieht das Schwert, während man erneut einen Schritt mit dem rechten Fuß vollführt. Der rechte Fuß wird zurück neben den linken gesetzt, und man pariert einen Schnitt des gegnerischen Schwertes mit dem diagonal über dem Kopf gehaltenen Schwert (wie in Zeichnung 4 der dritten Form auf Seite 107). Das *tsuka* wird nun mit beiden Händen ergriffen, und es erfolgt ein weiterer Schritt mit dem rechten Fuß nach vorn, verbunden mit einem schrägen Schnitt, der den Kopf des Gegners vom Schädeldach bis zum Kinn schneidet.
2. Das Schwert wird erneut erhoben (*furi-kaburi*) und auf einen weiteren Schritt mit dem rechten Fuß wird wieder ein Schnitt ausgeführt, der den Gegner rechts von der Schulter bis zum Solarplexus schneidet.
3. Das Schwert wird erneut erhoben (*furi-kaburi*) und auf einen weiteren Schritt mit dem rechten Fuß wird wieder ein Schnitt ausgeführt, der den Gegner vom Oberkörper bis zum Nabel schneidet, so dass das Schwert am Ende parallel zum Boden ist.
4. Man holt erneut aus (*furi-kaburi*), dann wird die Klinge so gedreht, dass sie auf Höhe der linken Taille waagerecht steht, mit der Schneide nach vorn und der Klingenspitze ein wenig nach hinten links. Auf einen weiteren Schritt mit dem rechten Fuß wird ein horizontaler Schnitt geführt, der den Gegner auf Hüfthöhe von links nach rechts schneidet. Man achte darauf, dass die Hände während dieses Schnitts nicht nach oben gehen, welcher nicht nur nach rechts, sondern auch nach vorn geführt wird.
5. Das Schwert wird wieder erhoben (*furi-kaburi*) und dann, verbunden mit einem neuen Schritt des rechten Fußes, wird ein letzter Schnitt am Gegner ausgeführt, der direkt von oben geführt wird, bis das Schwert parallel zum Boden steht.

Ohne Abbildung: In dieser Position erfolgt ein *yoko-chiburi* (*migi-ni-hirai-te-no-chiburi*), gefolgt von *noto.*

Der rechte Fuß wird neben den linken zurückgesetzt, und es wird *taito-shizei* eingenommen. Man geht nun einige Schritte zurück, beginnend mit dem linken Fuß, bis man den Ausgangsort erreicht hat. – Ende der Form.

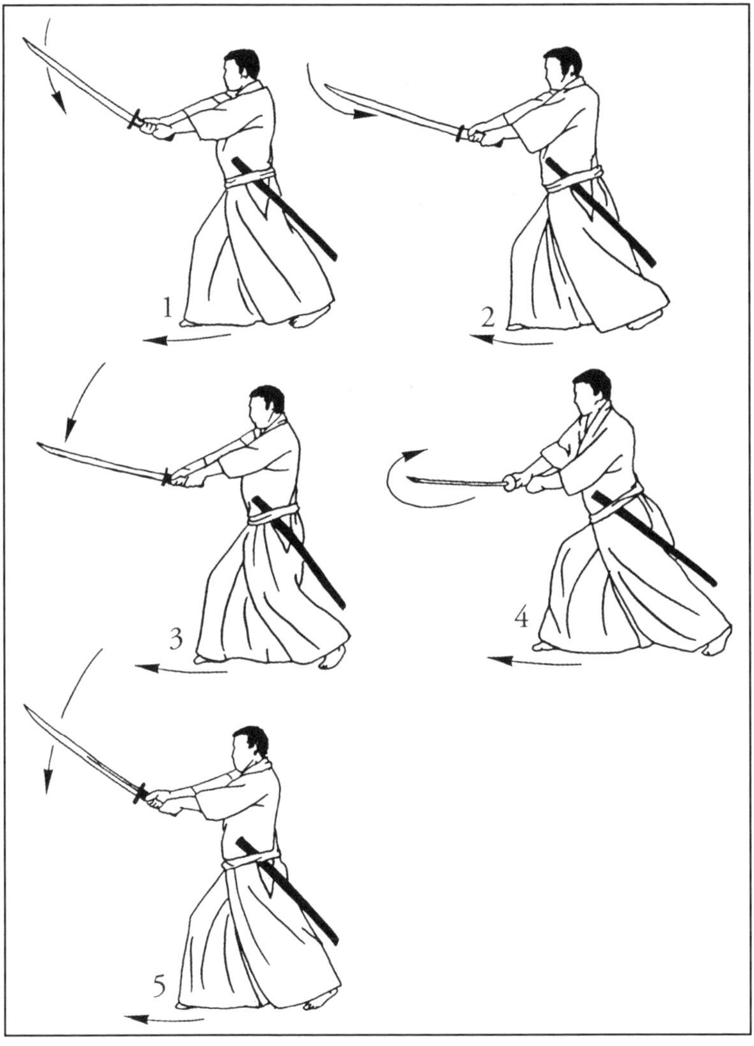

Die zwölfte Form (ju-nihon-me): Nuki-uchi – Ziehen und Schlagen

Man steht einem einzigen Gegner gegenüber, der versucht, einen Schnitt auszuführen. Man weicht dem Schlag aus, indem man zurückweicht, und lässt den Schnitt ins Leere gehen, bevor man mit einem vertikal geführten Schnitt zurückschlägt.

1. Das Schwert wird mit beiden Händen ergriffen, während man den linken Fuß zurücksetzt. Man zieht das Schwert direkt nach oben, setzt dann den rechten Fuß zurück, ein Stück vor den linken, so dass der Schnitt des Gegners nicht trifft.
2. Unverzüglich macht man einen Schritt mit dem rechten Fuß und führt einen Schnitt in der Körpermitte aus, bis das Schwert parallel zum Boden steht. – *Zanshin.*

   Ohne Abbildung: Der rechte Fuß wird zurückgesetzt, so dass er hinter dem linken steht. Man führt nun *yoko-chiburi* (*migi-ni-hiraite-no-chiburi*) und anschließend *noto* aus. Der hintere Fuß wird neben den vorderen gestellt, und man nimmt die Haltung *taito-shizei* ein. Man kehrt an den Ausgangsort zurück, indem man mit dem rechten Fuß beginnend nach vorn geht. – Ende der Form.

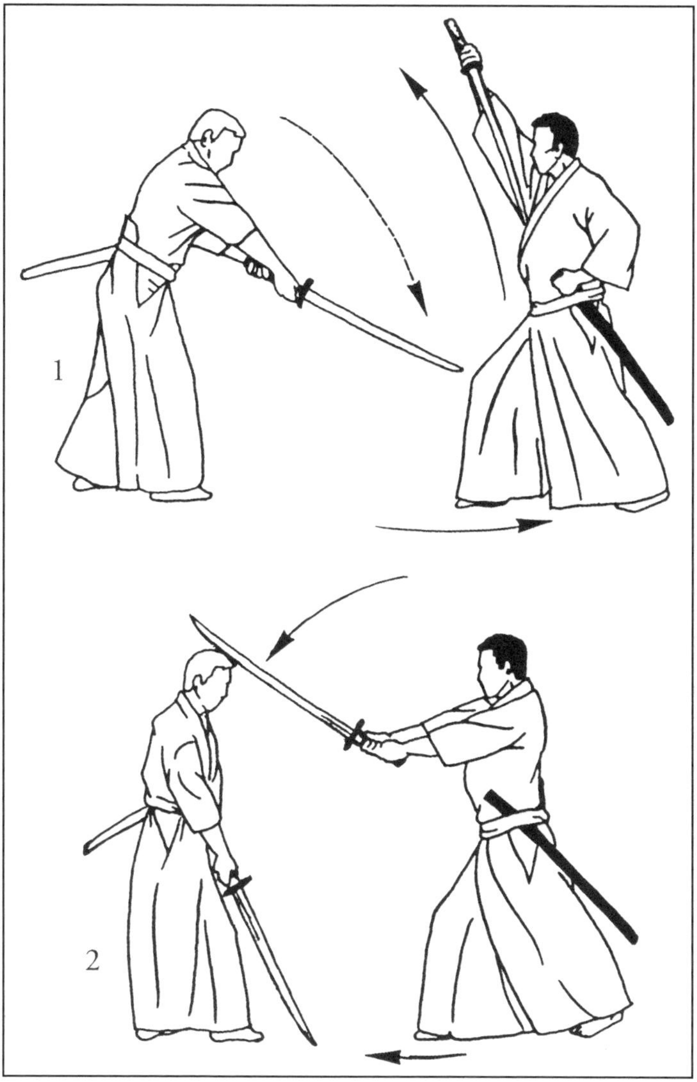
1
2

2.2.3. Der Geist des iai

Unermüdliches Training ist der Preis, der dafür zu zahlen ist, dass der Einheit aus Körper und Geist die perfekte, rettende Bewegung entspringen, wenn es um alles geht – eine Bewegung von vollendeter Effektivität. Dieses Training kann im eigentlichen Sinne einer Ausbildung für den realen Kampf nutzlos bleiben, doch dies stellt nur die unterste Stufe dar. Was immer gültig und von Nutzen bleibt, ist die Geisteshaltung der Wachsamkeit und Spontaneität, aus der die »richtige« Geste erwächst. Die Auswirkungen dieser Entwicklung auf das Alltagsleben sind tatsächlich äußerst vielfältig.

Iaidō steht für das ebenso beeindruckende wie unzerstörbare Bild des Samurai, der leidenschaftlich nach Vollkommenheit strebt. In der ungekürzten Fassung des berühmten Films »Die sieben Samurai« von Akira Kurosawa gibt es eine starke, wenn auch nur kurze Szene, in der ein Samurai sich in einen Hochwald zurückzieht und sich dort in strömendem Regen in der Kunst des Schwertziehens übt, um sich auf die bevorstehende Schlacht vorzubereiten. Und in Kurosawas Film »Sanjuro« wird dargestellt, wie ein Meister des *iai* innerhalb weniger Sekunden nicht weniger als acht Gegner mit einigen Schlägen seines *katana* niederstreckt (siehe Abbildungen auf Seiten 140 bis 144).

Meister Risuke Ōtake (geboren 1926), *shihan* des Tenshin Shōden Katori Shintō-ryū, erzählt gern die folgende Geschichte. In seiner Jugend pflegte er in halb zusammengekauerter Haltung zu beobachten, wie der Morgentau allmählich am Rand eines Blattes einen Tropfen bildete, bis dieser Tropfen zu schwer wurde und sich vom Blatt löste. Und genau in diesem Augenblick, im Bruchteil einer Sekunde, zog er das Schwert. Und wenn er im Zustand vollendeter Konzentration war, gelang es ihm, den Tropfen im Flug zu zerschneiden, wenn er sich auf Höhe seiner Augen befand.

Es gibt eine sehr schöne Geschichte über den berühmten Schwertmeister (*kenshi*) Tsukahara Bokuden (1489-1571), den man zu seinen Lebzeiten als das »Genie aus Kantō« bezeichnete. Er besaß schier übermenschliche Fähigkeiten auf dem Gebiet des Schwertkampfes. Die Schnelligkeit seiner stets unverschnörkelten Techniken war unglaublich, und er führte sie mit einer natürlichen Vollkommenheit aus. Eines Tages versuchte ein Samurai in seiner Gegenwart bei einem Bankett eine Hofdame zu beeindrucken. Der Samurai ging zu einem blühenden Kirschbaum und stieß plötzlich einen markerschütternden *kiai* aus. Ebenso erstaunt wie verzückt sahen die Kurtisanen, dass er in seiner linken Hand einen Zweig des Baumes und in der rechten sein *katana* hielt, während feine Blütenblätter um ihn herum durch die Luft taumelten und ihn bedeckten. Er überreichte der Dame den Kirschzweig als Zeichen der Ehrerbietung und erntete großen Applaus.

Bokuden, der als Schwertkampfmeister bekannt war, sah sich gezwungen, ebenfalls etwas zu tun. Nach einigem Zögern zuckte er schließlich mit den Schultern und begab sich auch zu dem Baum. – Man vernahm nur einen ganz leisen Schrei, und dann sahen die Zuschauer, wie er in seiner rechten Hand einen Kirschzweig hielt, während das Schwert bereits wieder in seiner Scheide steckte. Und kein einziges Blütenblatt taumelte durch die Luft. Die Menge der Zuschauer war stumm vor Ergriffenheit …

Dies lässt an die Worte denken, die einst ein unbekannter Samurai niedergeschrieben hat: »Beobachte die Natur und den Menschen und lerne.«

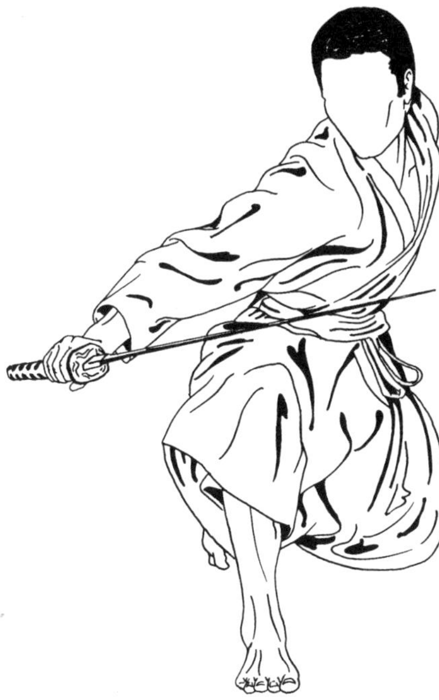

Die folgende zeichnerische Darstellung einer Szene aus dem Film »Sanjuro« von Akira Kurosawa entstammt dem Buch »This is Kendo« von Junzo Sasamori und Gordon Warner, das erstmals 1964 im japanischen Verlag Charles E. Tuttle Company erschien.[19] In dieser Szene ist der Titelheld des Films mit acht Gegnern konfrontiert.

1. Der Meister, der vollständig gelassen bleibt, obgleich er sich umzingelt sieht, lässt die Hände in seinem *hakama*, damit sie warm und trocken bleiben, bevor er sie für den Kampf einsetzt. Auf diese Weise schläfert er die Wachsamkeit seiner Gegner ein und hält zugleich seine Hände bis zum letzten Moment optimal einsatzbereit.
2. Der erste Gegner wurde mittels eines Schnittes nach hinten, der sich aus einer originellen Weise des Schwertziehens mit der linken Hand heraus entwickelte, außer Gefecht gesetzt.
3. Der Meister nimmt das Schwert unverzüglich in die rechte Hand und wendet sich zwei Gegnern zu seiner Rechten zu, die er mit einer einzigen elliptischen Bewegung von links nach rechts niederfegt.

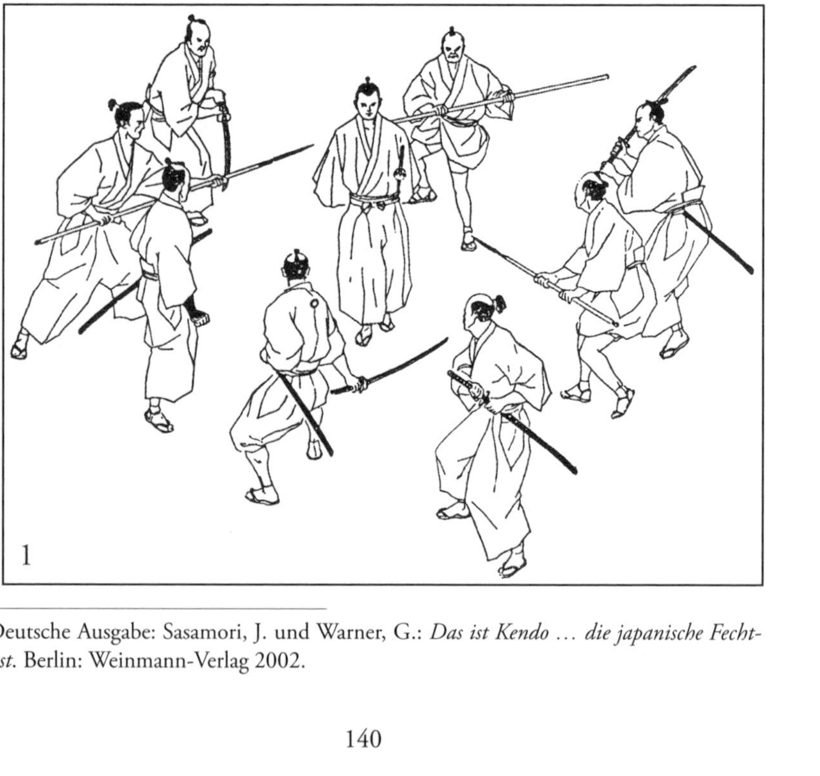

[19] Deutsche Ausgabe: Sasamori, J. und Warner, G.: *Das ist Kendo … die japanische Fechtkunst.* Berlin: Weinmann-Verlag 2002.

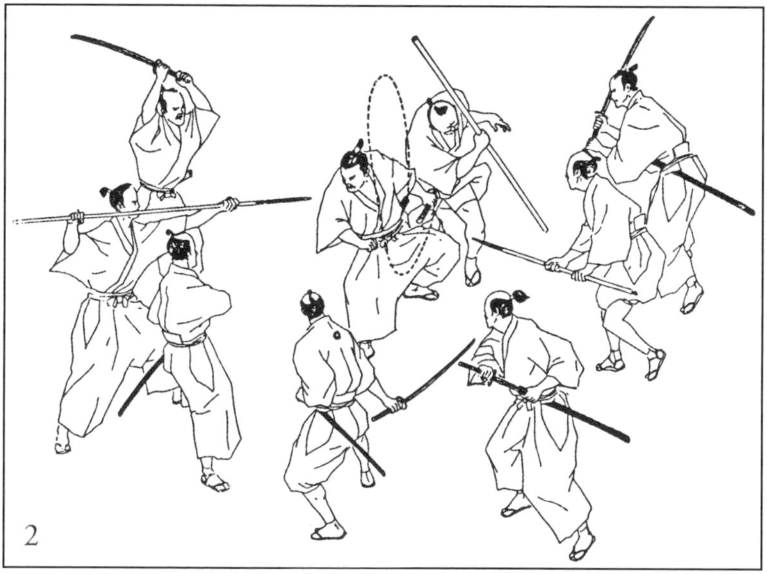

2

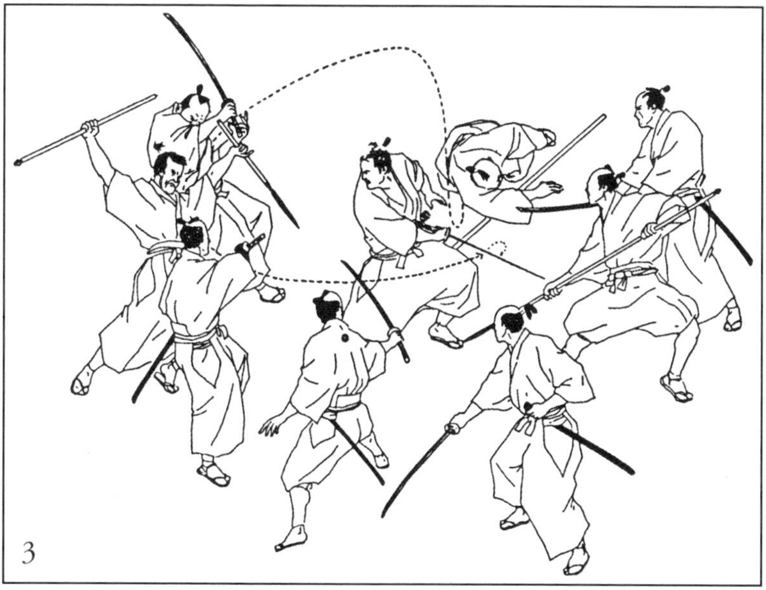

3

4. Er führt einen Rückhandschlag in Gegenrichtung aus, um dem vierten Gegner einen Schnitt zu versetzen, bevor dieser auch nur dazu gekommen ist, das Schwert zu ziehen.
5. Er nimmt das *tsuba* in beide Hände und führt einen *kesa-gake*, einen abwärts gerichteten diagonalen Schnitt gegen den fünften und den sechsten Angreifer aus.
6. Schnitt gegen den siebenten Angreifer.

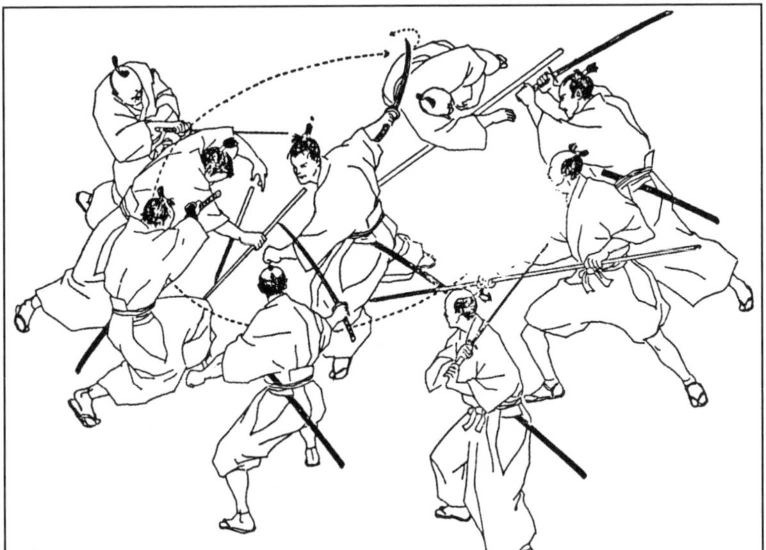

4

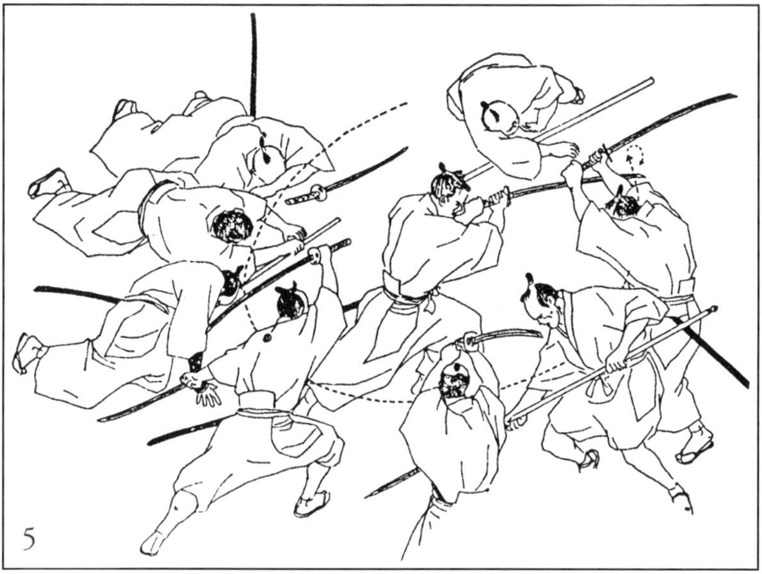

5

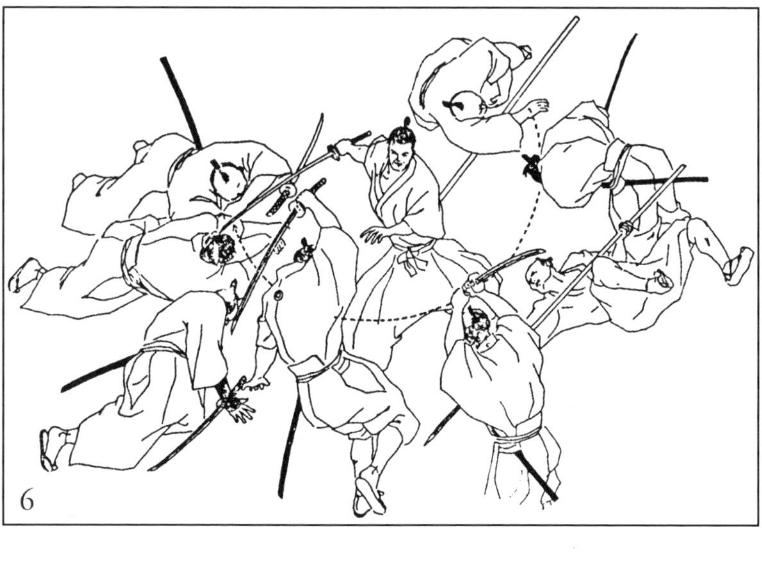

6

7. Schnitt gegen den letzten Angreifer in dem Moment, in dem dieser einen Schlag mit seinem Schwert von oben nach unten ausführt, mit einem perfekten Timing. – Die gesamte Aktion dauerte nicht länger als fünf Sekunden …

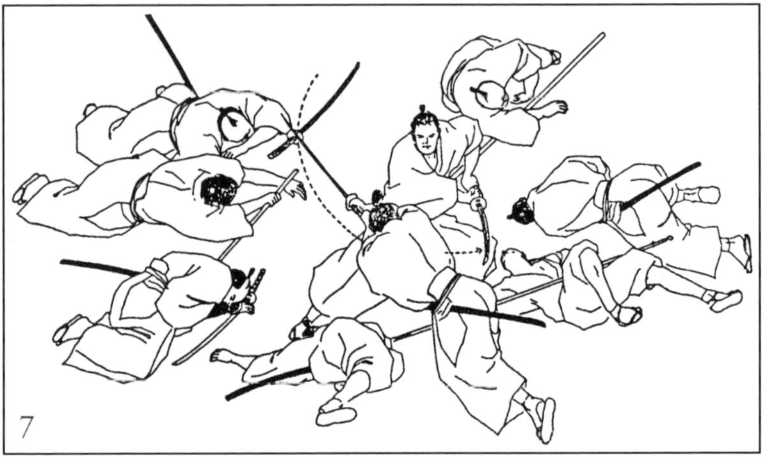

7

Anhang

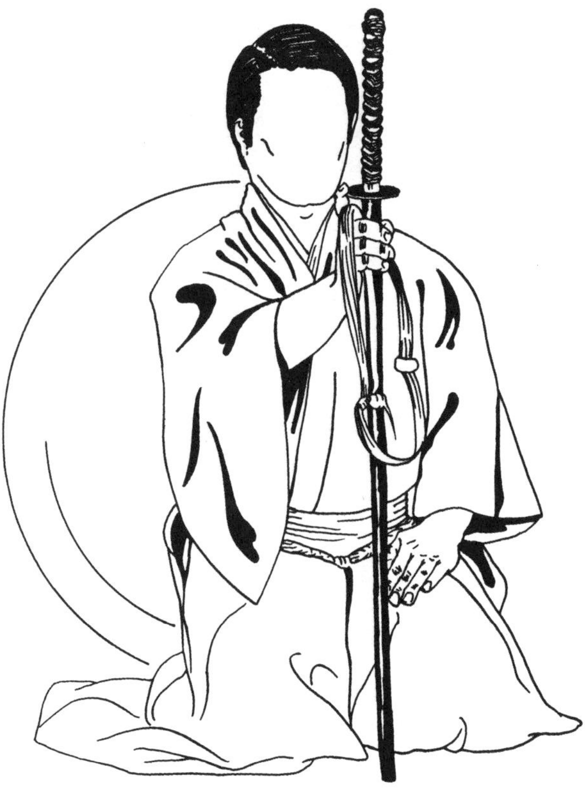

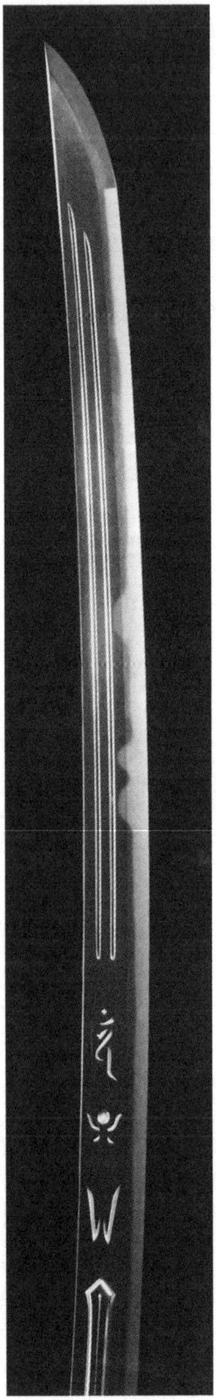

Die Klinge des *katana* symbolisiert seit jeher die Seele des Kriegers und das Ideal des Samurai. Der »Weg des Schwertes«, der *kendō* und *iaidō* umfasst, ist sowohl eine Lebensethik als auch eine Kampfwissenschaft, die dem japanischen Hochmittelalter entstammt.

Die Ausrüstung

Die Kleidung

Sich stets auf korrekte Weise zu kleiden, muss für jeden Praktizierenden des *iai* von herausragender Bedeutung sein.

Die Jacke: Dies ist der obere Teil des *keikogi* (*keiko* – Training, *gi* – Kleidung). Es ist beim Schwertkampftraining nicht unbedingt erforderlich, eine Hose zu tragen, aber die Jacke muss lang genug sein, um die Oberschenkel zu bedecken. Mit Hilfe von ein oder zwei Schnüren wird die Jacke vorn verknotet, damit sie beim Training nicht verrutscht. Die Jacke und die nicht obligatorische Hose sind aus Baumwolle und je nach Schule weiß, blau oder schwarz.

Für Vorführungen wird mitunter die zeremonielle Jacke (*montsuki*) getragen. Ihre Ärmel sind weit wie die des traditionellen *kimono*. Sie ist von dunkler Farbe, von der sich deutlich die Wappen (*mon*) abheben.

Der Hosenrock (hakama): Dies ist die traditionelle Kleidung der Samurai und der Edelleute des japanischen Mittelalters. Seine endgültige Form, wie wir sie noch heute kennen, erhielt der *hakama* in der Edo-Zeit (1603-1868). Der weit geschnittene *hakama*, welchen man ebenfalls im *aikidō* trägt, ermöglicht eine große Bewegungsfreiheit und verbirgt, da er bis zu den Fußgelenken fällt, zugleich in einem gewissen Maße Ortsveränderungen. Am unteren Rückenbereich unterstützt ein verstärktes trapezförmiges Teil (*koshi-ita*) einen guten Sitz des Kleidungsstücks.

Hakama sind traditionell schwarz, indigoblau oder weiß. Für die Praxis des *iaidō* werden häufig weiße *hakama* verwendet, da Weiß symbolisch für die Reinheit oder auch für die Kirschblüte (*sakura*) steht.

Der Gürtel (obi): Dieser wird unter dem *hakama* getragen, um die Jacke zu befestigen. (Der *hakama* selbst wird mit langen Bändern (*hakama-obi*) an der Hüfte festgebunden.) – Der *obi* ist sehr lang (mindestens drei Windungen um den Bauch) und breiter als der im *jūdō* oder *karate* getragene Gürtel. Er kann für zeremonielle Zwecke aus Seide bestehen, ansonsten aus Baumwolle. Er wird am Rücken verknotet, auf Höhe des fünften Lendenwirbels.

Die Waffe

Holz oder Stahl?

Zu Beginn kann es sinnvoll sein, mit einem Holzschwert zu üben (*bokken* oder *bokuto*). Man vergesse nicht, dass einst selbst berühmte Experten für ein realistisches Training Holzschwerter einsetzen, ja, diese sogar als Waffe im Kampf verwendeten. Das Holzschwert ist ohne jeden Zweifel eine echte Waffe! Seine Länge beträgt ungefähr einen Meter; die genaue Länge kann sich zwischen den einzelnen Schulen etwas unterscheiden. Es besteht aus einem schweren Holz, so zum Beispiel aus Roteiche, *akagashi*, oder aus Weißeiche, *shiragashi*. Der Nutzen bei der Praxis ist vielfältig: Man kann mit Hilfe eines *bokken* die verschiedenen Haltungen üben und ohne Gefahr die grundlegenden Bewegungen lernen – und dies, ohne dass bereits eine Schwertscheide zu berücksichtigen wäre. Was vor allem für viele Anfänger nicht unwichtig ist – ein *bokken* ist natürlich viel preisgünstiger zu erwerben als ein echtes *katana*.

Trotzdem sollte man so früh wie möglich damit beginnen, mit einem Schwert aus Metall zu üben. Üblich ist heute das Training mit dem *iaitō*, einem Schwert aus einer Aluminiumlegierung oder aus Stahl, das möglichst das Gewicht eines echten Schwertes haben sollte, aber dennoch stumpf ist.

Doch eines Tages kommt für jeden fortgeschrittenen Praktizierenden die Stunde, da er mit einem authentischen *katana* (beziehungsweise *shinken* – »echtes Schwert«) trainieren muss, einer Waffe, die scharf wie eine Rasierklinge ist. Dies allein ermöglicht es dem *iaidōka*, jene Geisteshaltung zu schmieden, die für die Praxis des *iaidō* unabdinglich ist. Eine scharfe Waffe in der Hand zu halten, schärft die Empfindung und die Konzentration, denn die kleinste falsche Bewegung kann zu schweren Verletzungen führen.

Die Wahl der Klinge

Man sollte stets ein Schwert mit möglichst langem Griff wählen, um genügend Platz für beide Hände zu haben. Um die richtige Länge des Schwertes für sich herauszufinden, gibt es eine gute Methode: Man lässt den Arm frei nach unten hängen, mit dem Schwert in der Hand, das gleichfalls direkt nach unten zeigt. Hat es die richtige Länge, wird die Klingenspitze nun gerade den Boden berühren. Die Klinge, vom *mune-machi* bis zum *kissaki* (siehe Zeichnung auf der folgenden Seite), sollte eine Länge zwischen 67 und 75 Zentimetern haben. Ein kürzeres Schwert wäre von geringem Nutzen.

Es sei daran erinnert, dass die alten *katana*, die immer seltener und immer teurer werden, selbst, wenn sie sich in hervorragendem Zustand befinden, nicht zwangsläufig so montiert sind, dass sie sich für die Praxis des *iaidō* eignen. Diese *katana* sind eher die Domäne von Sammlern und Spezialisten. Man hüte sich jedoch vor modernen schlechten Imitaten japanischer Schwerter, die aufgrund ihrer »billigen« Machart nicht über hinreichende Stabilität in der Bewegung verfügen.

Es gibt jedoch heute auch gute Kopien von *katana*, die in Japan, zunehmend aber auch in Europa gefertigt werden, und deren Ästhetik und Schneidequalität nichts zu wünschen übrig lassen. Es existiert inzwischen eine beachtliche Zahl von Anbietern solcher Waffen. Diese sind durchaus zu vernünftigen Preisen erhältlich, und sie stellen den besten Kompromiss zwischen dem Alten und dem Neuen und zwischen Qualität und Preis dar.

Der Aufbau des katana

Auch wenn es nicht Ziel dieses Buches ist, eine umfassende Abhandlung über das japanische Schwert zu geben, ist es für den Praktizierenden des *iai* doch von Bedeutung, die Elemente, aus denen seine Waffe besteht, zu kennen, wie sie in der Abbildung auf der folgenden Seite dargestellt werden.

Im Unterschied zum *tachi*, dem Langschwert, wird das *katana* (dessen Krümmung weniger ausgeprägt ist als die des *tachi*) in seiner Scheide, die im Gürtel (*obi*) steckt, mit der Schneide nach oben getragen. Für das Üben der *kata* ist es nicht unbedingt erforderlich, dass ein *sageo* (eine Kordel, die die Funktion hat, die im *obi* steckende Scheide in ihrer Position zu sichern) verwendet wird.

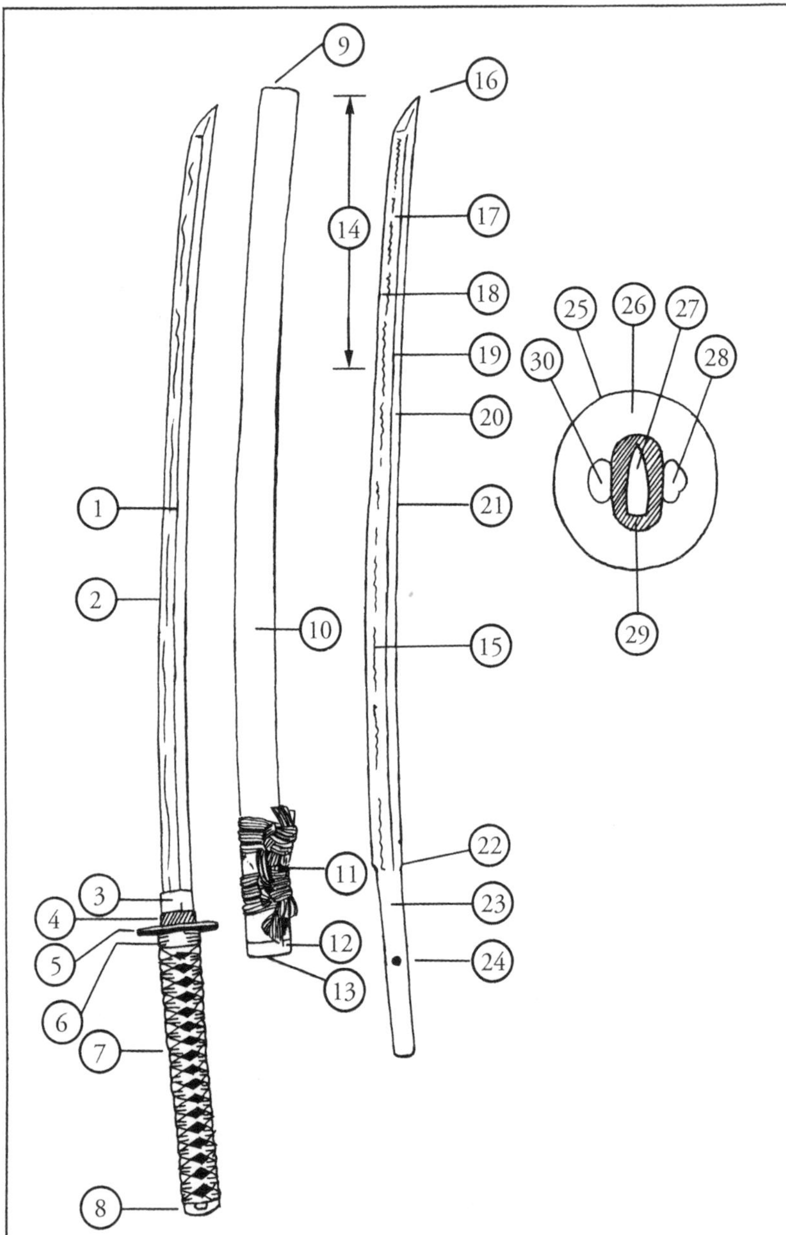
9
16
14
17
18
25
26
27
19
30
28
20
1
21
2
10
15
29
22
11
3
23
4
12
5
24
13
6
7
8

Legende

1. *Shinogi* (Gratlinie)
2. *Ha* (Schneide)
3. *Habaki* (Klingenzwinge)
4. *Seppa* (Unterlegscheiben)
5. *Tsuba* (Stichblatt)
6. *Fuchi* (Griffzwinge)
7. *Tsuka* (Schwertgriff)
8. *Kashira* oder *tsuka-gashira* (Griff-Endkappe)
9. *Kojiri* (Schneidenort; *Saya*-Abschluss)
10. *Saya* (Schwertscheide)
11. *Sageo* (Kordel oder Band)
12. *Kuchi-gane* (Einfassung der Öffnung der Schwertscheide)
13. *Koiguchi* (»Karpfenmaul« – Öffnung der Schwertscheide)
14. *Mono-uchi* (das obere Drittel der Klinge)
15. *Hamon* (Härtelinie)
16. *Kissaki* (Klingenspitze)
17. *Yakiba* (gehärteter Bereich der Klinge nahe der Schneide)
18. *Ha* (Schneide)
19. *Hi* oder *bo-hi* (Blutrinne)
20. *Shinogi-ji* (Fläche zwischen Klingenrücken und Gratlinie)
21. *Mune* (Klingenrücken)
22. *Mune-machi* (Beginn des Klingenrückens)
23. *Nakago* (Angel des Schwertes)
24. *Mekugi-ana* (Loch in der Angel)
25. *Mimi* (»Ohr« – erhöhter Rand des *tsuba*)
26. *Tsuba* (Stichblatt)
27. *Nakago-ana* (Öffnung im *tsuba* zum Hindurchführen der Angel)
28. *Kōgai-hitsu-ana* (Öffnung im *tsuba* für die Aufnahme einer Schwertnadel (*kōgai*))
29. *Seppa-dai* (Fläche auf dem *tsuba* unter dem *seppa*)
30. *Kozuka-hitsu-ana* (Öffnung im *tsuba* für die Aufnahme eines Beimessers (*kozuka*))

Tameshi-giri

Das *tameshi-giri* war früher eine sehr spezielle Form, eine Klinge zu prüfen: Das Schwert wurde am Leichnam eines Verbrechers »erprobt«, und es sind Zeichnungen überliefert, auf denen sehr präzise die Richtungen dieser Probeschläge dargestellt sind, die von unterschiedlicher Schwierigkeit waren. Einige dieser Schläge mussten mit größter Kraft ausgeführt werden – so zum Beispiel ein Schnitt, der von einer Seite der Hüften zur anderen ging –, andere stellten einfache fegende Schläge mit einer Hand dar.

Die Schläge trugen bildhafte Bezeichnungen wie »die beiden Räder«, »die Wildgans«, »der Brust-Schnitt«, »das Ende (der Bewegung) des Rades«, »die Reibung«, »das kleine Priestergewand« usw. So wurde beispielsweise an ei-

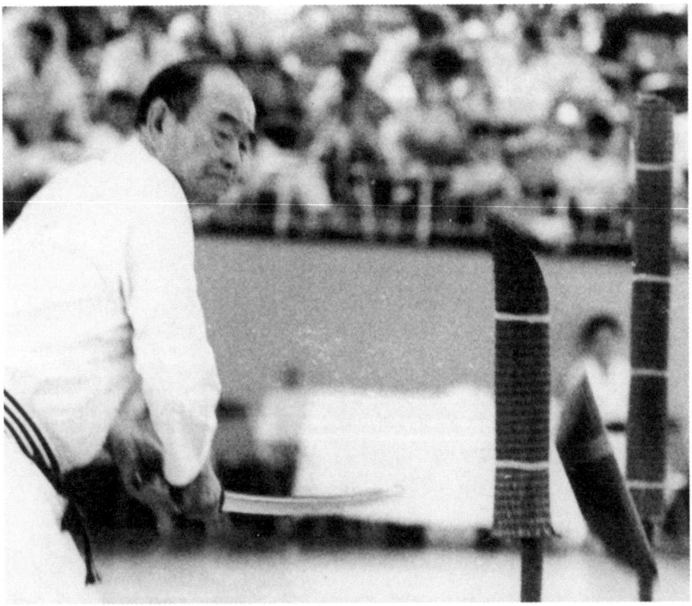

Battō-dō-Vorführung. – Die heutigen Schnittproben erfolgen an Bambus oder an Strohbündeln. Der Praktizierende erprobt auf diese Weise nicht nur die Schneide seines Schwertes, sondern auch seine Konzentration, das Gefühl für den Abstand und für den richtigen Schlagwinkel sowie seine Fähigkeit, die Energie im entscheidenden Moment mobilisieren zu können. Ein perfekter Schnitt ist so sauber wie ein Schnitt mit einer Rasierklinge.

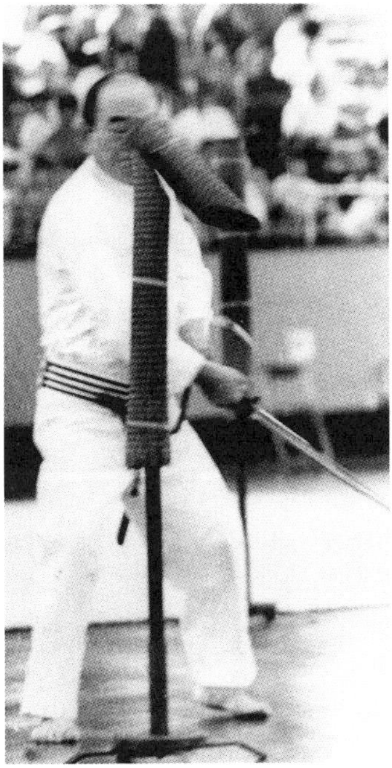

nem hängenden Leichnam der Schnitt *nashiwara* ausgeführt, der diesen vom Kopf bis zum Nabel spaltete. Manchmal praktizierte man solche Tests an mehreren übereinander gestapelten Leichnamen. Und mitunter wurden sie sogar an lebenden zum Tode verurteilten Verbrechern ausgeführt. Niemals benutzte man für derartige Proben die Körper von Samurai, von Priestern und von Yamabushi, und generell auch nicht von Menschen mit rasiertem Schädel, außer, wenn es sich um Eta, Hinin und Vagabunden handelte, die als minderwertig galten. Eine Zeitlang wurden auch Leichen verurteilter Krimineller, die an einer Hautkrankheit gelitten hatten oder die tätowiert waren, nicht angerührt.

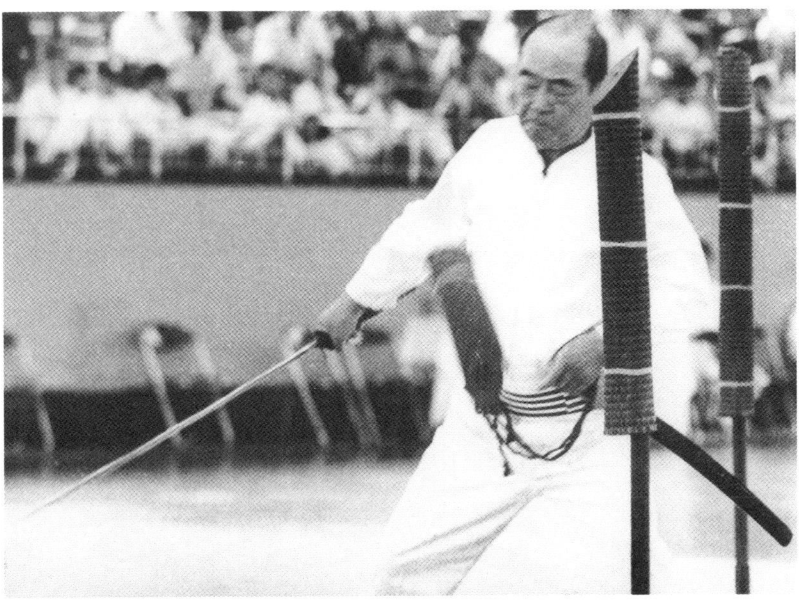

Solche Proben fanden häufig statt, denn es war oft nötig, Klingen, die auf dem Schlachtfeld beschädigt worden waren, wieder herzurichten und neu zu schleifen. Die Proben wurden im Rahmen großer Zeremonien abgehalten, in Gegenwart von Experten (*kanteisha*), vor dem Palast des *shōguns* oder in der Burg eines *daimyō*. Die Leichen wurden entweder auf einen Sandhaufen gelegt oder in verschiedenen Positionen aufgehängt, um unterschiedliche Schnittweisen erproben zu können. Es gab regelrechte »Berufsprüfer«. Erst nach einer Prüfung der Klinge und des Leichnams durch Experten wurde das *katana* erneut als »geeignet für den Dienst« eingestuft. War das Ergebnis nicht zufriedenstellend, musste das Schwert entweder erneut geschliffen werden, oder es wurde ausgesondert.

Andere Tests bestanden darin, Rüstungsteile unter verschiedenen Winkeln zu schneiden, vor allem den Helm (*kabuto*), und manche Klingen hatten den Ruf, hierbei geradezu Wunder vollbringen zu können.

Das *battō-dō*, das heute in zahlreichen Stilen des *iaidō* praktiziert wird, ist Erbe dieser alten Traditionen (*tameshi-giri* beziehungsweise *battō-giri*). Die Schnittprobe erfolgt nun jedoch an Strohbündeln oder an Bambusstäben. – Siehe Fotos auf Seiten 152 und 153.

Die Formen des iaidō aus dem Tenshin Shōden Katori Shintō-ryū

Die folgenden Zeichnungen des Autors entstanden nach Filmaufnahmen von einer der ersten *Iaidō*-Vorführungen von Hirō Mochizuki (siehe Fotos auf Seiten 46 und 47) in Frankreich. Sie wurden erstmals in der Zeitschrift »Budo Magazine« vom Januar 1972 veröffentlicht. Sie stellen neun der zehn wichtigsten Formen einer traditionellen Schule zu einer Zeit dar, als die Kunst des *iaidō* selbst bei mit den *Budō*-Künsten vertrauten Europäern noch gänzlich unbekannt war, und die durch diese Veröffentlichung erstmals eine Vorstellung davon gewinnen konnten.

Die erste Form (*ippon-me*): *Kusa-nagi-no-ken*
Die zweite Form (*nihon-me*): *Nuki-tsuke-no-ken*
Die dritte Form (*sanbon-me*): *Nuki-uchi-no-ken*
Die vierte Form (*yonhon-me*): *Uken*
Die fünfte Form (*gohon-me*): *Saken*
Die sechste Form (*roppon-me*): *Happo-ken*
Die siebente Form (*nanahon-me*): *Yuki-ai-gyaku-nuki-no-tachi*
Die neunte Form (*kyūhon-me*): *Zengo-chidori-no-tachi*
Die zehnte Form (*juppon-me*): *Yuki-ai-migi-chidori-no-tachi*

Die erste Form (ippon-me): Kusa-nagi-no-ken

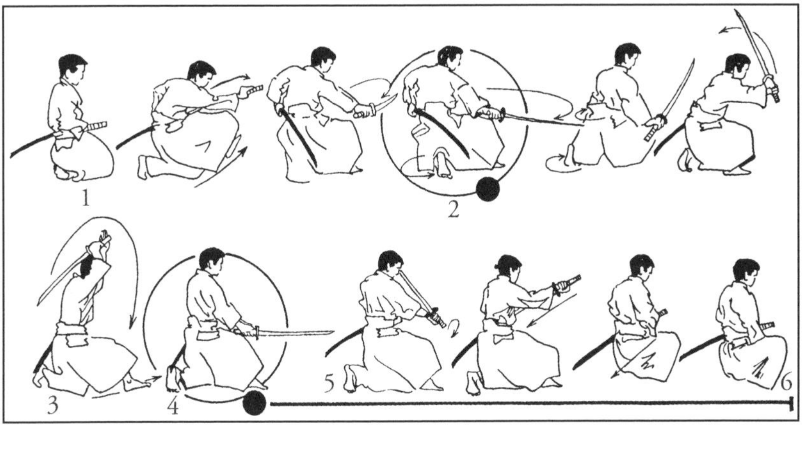

Die zweite Form (nihon-me): Nuki-tsuke-no-ken

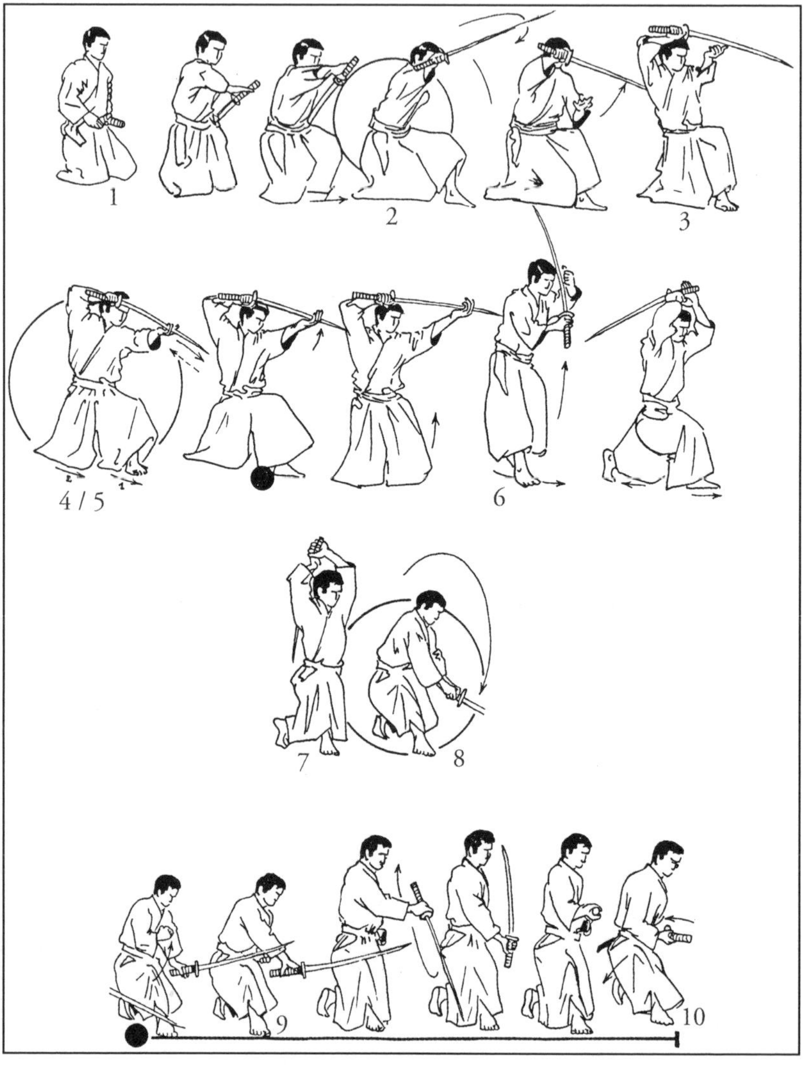

Die dritte Form (sanbon-me): Nuki-uchi-no-ken

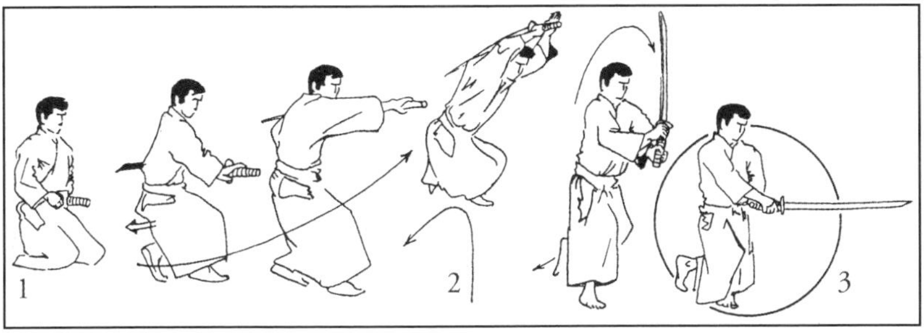

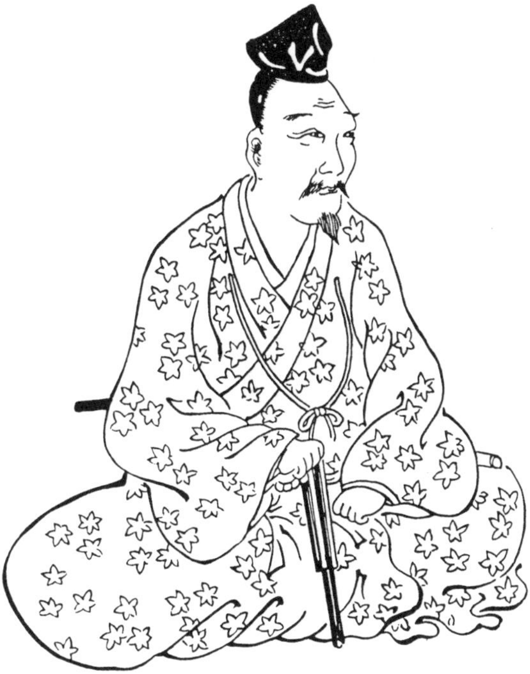

Der legendäre Gründer des Tenshin Shōden Katori Shintō-ryū, Iizasa Choisai Ieano.

Die vierte Form (yonhon-me): Uken

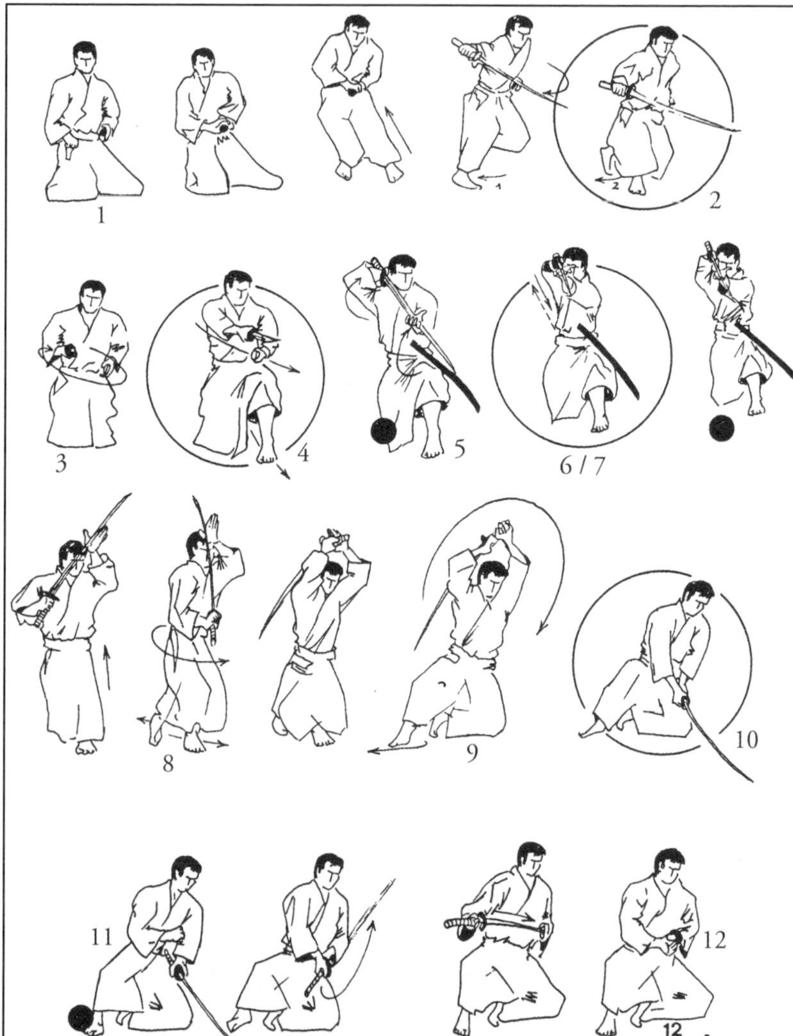

Die fünfte Form (gohon-me): Saken

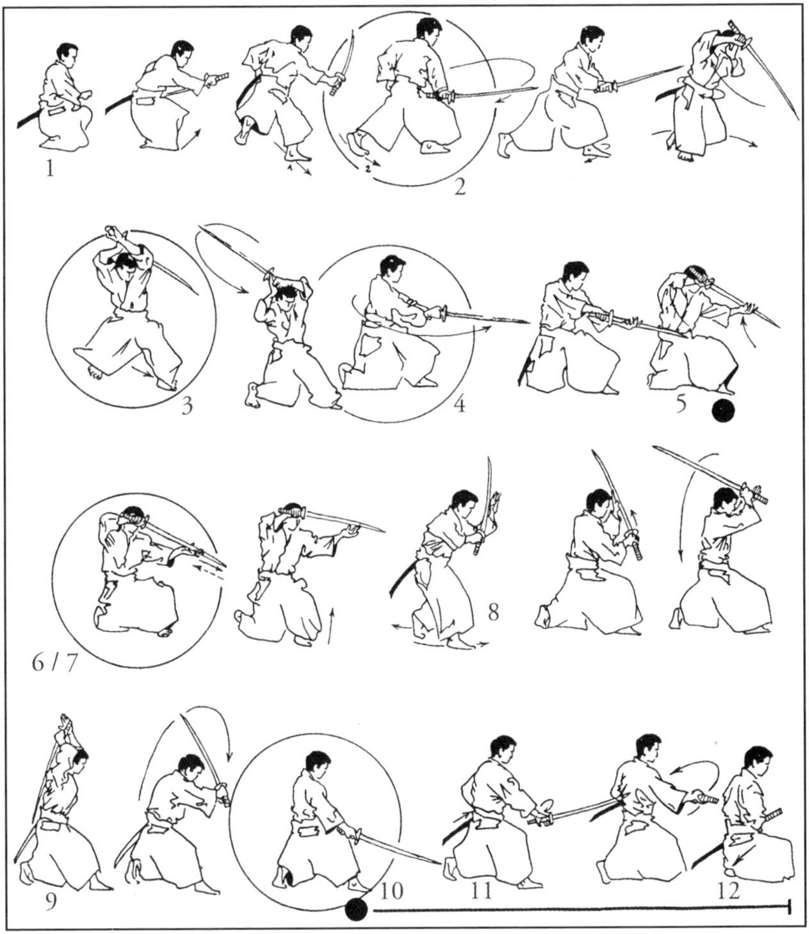

Die sechste Form (roppon-me): Happo-ken

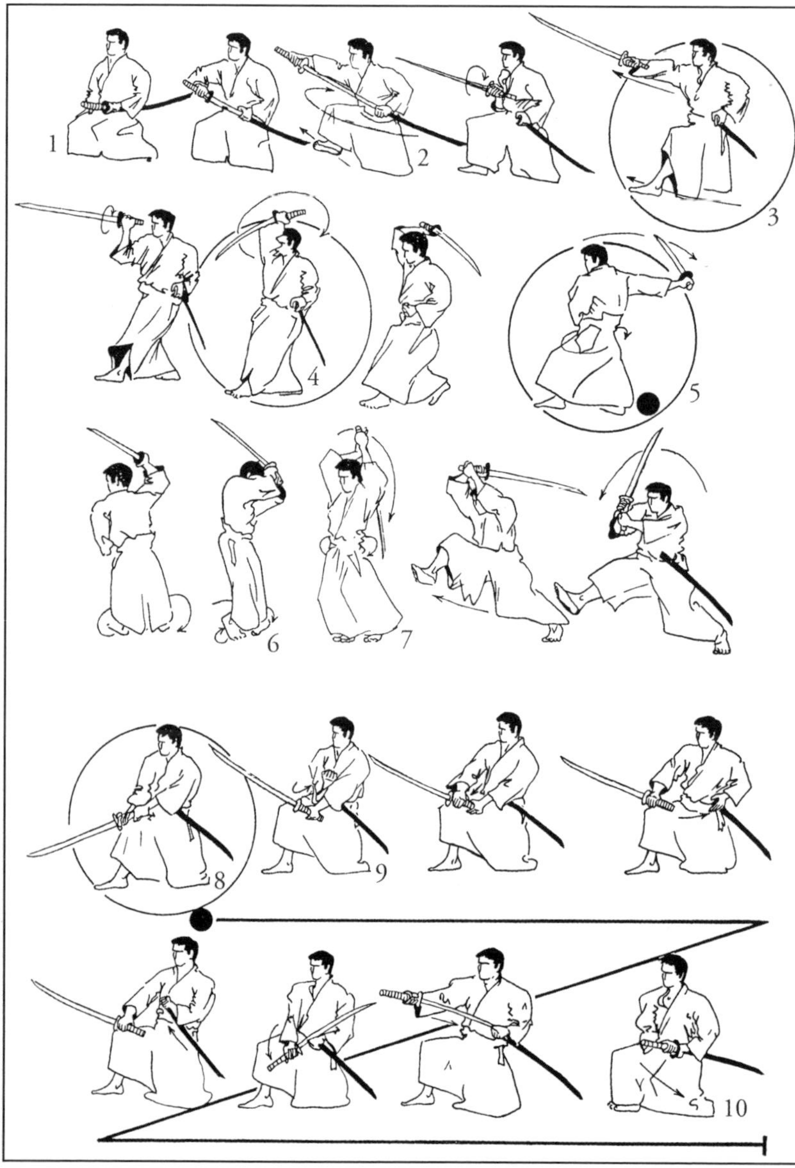

Die siebente Form (nanahon-me): Yuki-ai-gyaku-nuki-no-tachi

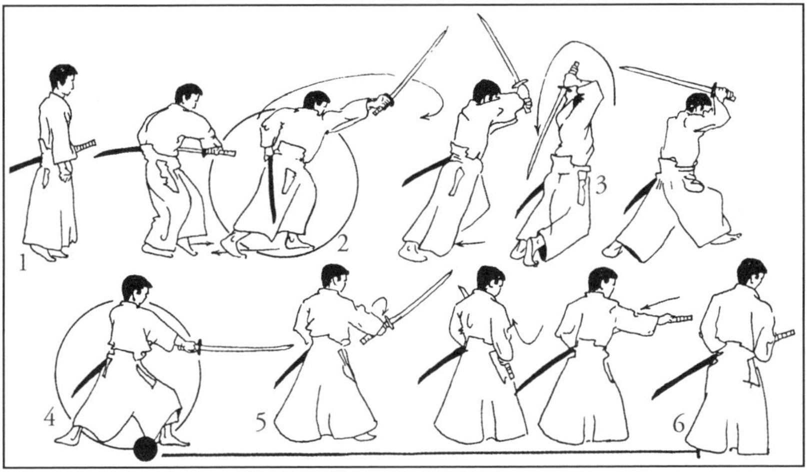

Die neunte Form (kyūhon-me): Zengo-chidori-no-tachi

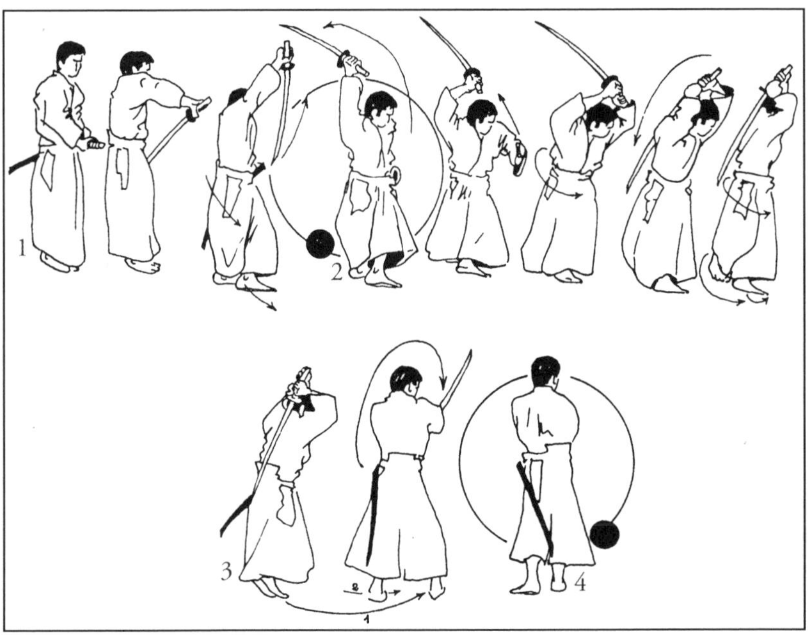

Die zehnte Form (juppon-me): Yuki-ai-migi-chidori-no-tachi

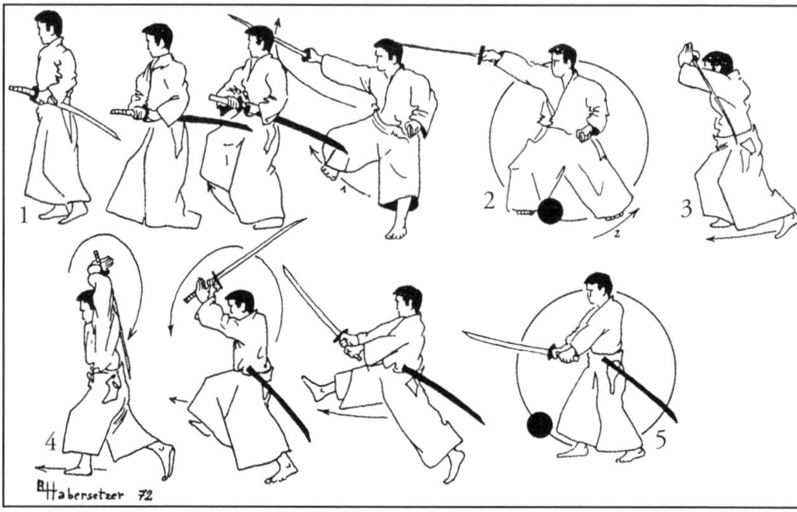

Aussprüche von Meistern des katana

I wo motte teki ni gasshō, sei wo motte teki ni katsu.
Begegne dem Feind mit Würde, besiege ihn mit Kraft
Kotoda Yahei

Kamayuru to omowazu kiru koto nari to omou beshi
Denke an den Schlag, ohne auf die Haltung zu achten
Miyamoto Musashi

Kokoro ni ma wo tomezu, ma ni kokoro wo tomezu
Geist und Abstand: der eine darf den anderen nicht aufhalten
Kotoda Yahei

Kao mo agesasezu uchi ni utte
Schlagen, ohne den Gegner auch nur den Kopf heben zu lassen
Yagyū Munenori

Sekka no atari
Ein Schlag, gleich einem Blitz
Miyamoto Musashi

Hyōshi wo kuruwasete katsu
Den Rhythmus brechen und gewinnen
Yagyū Munenori

Kendō- und Iaidō-Verbände

Zen Nihon Kendo Renmei (ZNKR)
(Kendo - Iaido - Jodo)
2 F. Yasukumi-Kudan Minami Bldg
2-3-14 Kudan Minami
Chizoda-Ku
102-0074 Tokio (Japan)
www.kendo.or.jp

European Kendo Federation (EKF)
(Kendo - Iaido - Jodo)
4 rue du Busard
1170 Bruxelles (Belgien)
www.ekf-eu.com

Deutscher Kendobund
Deutscher Kendobund e. V.
Im Buchholzfelde 3
30966 Hemmingen
www.dkenb.de

Deutscher Iaido Bund
Deutscher Iaido Bund e. V.
Insterburgweg 1a
59755 Arnsberg
www.iaido.de

Die Krieger des alten Japan – Berühmte Samurai, Rōnin und Ninja

Erzählungen aus 700 Jahren japanischer Geschichte

Dem Kampfkunstexperten und Historiker Roland Habersetzer ist es gelungen, die Zeit des alten Japan auf fesselnde Weise lebendig werden zu lassen.

Der Autor entführt seine Leser in die abenteuerliche Welt der Samurai, Rōnin und Ninja. Äußerst spannend erzählt er von legendären Helden der japanischen Geschichte. In authentischen Erzählungen, die auf historischen Quellen beruhen, werden Begebenheiten aus dem Leben der »Schwertheiligen« Tsukahara Bokuden und Miyamoto Musashi sowie des »letzten Samurai«, Saigō Takamori, dargestellt. Außerdem finden sich im Buch Berichte über den blutigen Machtkampf zwischen den Klanen der Minamoto und der Taira im 12. Jahrhundert, den Aufstieg und den Fall des Klans der Takeda, den Rachefeldzug der 47 Rōnin aus Akō und zahlreiche andere berühmte wie auch nahezu in Vergessenheit geratene Ereignisse der japanischen Geschichte.

Zum Inhalt dieses Werkes gehören des Weiteren unterhaltsame Kōdan- und Dōjō-Geschichten, die Zenweisheiten vermitteln, und Begebenheiten aus der Welt der Ninja, jener geheimnisvollen Schattenkrieger des japanischen Mittelalters.

29 Farbtafeln mit Reproduktionen von Holzschnitten aus der Edo-Zeit und zahlreiche Schwarzweißillustrationen verleihen dem Buch einen besonderen Reiz.

Roland Habersetzer
Die Krieger des alten Japan
Berühmte Samurai, Rōnin und Ninja
Aus dem Französischen von Frank Elstner
352 Seiten
29 Farbtafeln mit Holzschnitten
Zahlreiche Schwarzweißabbildungen
ISBN 978-3-957840-33-2
Neuausgabe 2021
€ 32,00

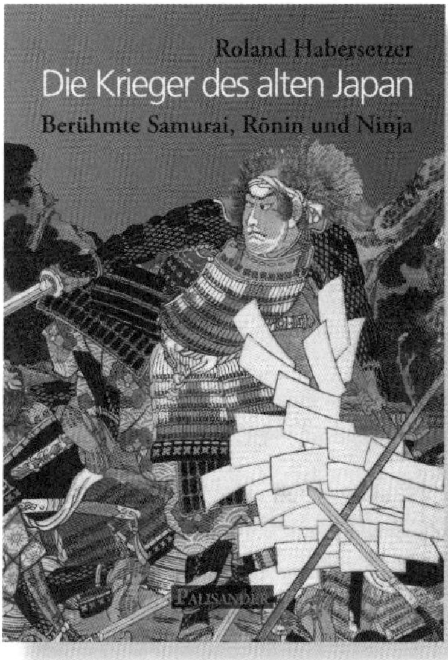

Roland Habersetzer: Amakusa Shirō – Gottes Samurai

Der Aufstand der Christen von Shimabara

Zu Beginn des 17. Jahrhunderts gab es in Japan etwa 300 000 Christen, unter ihnen mehrere daimyō. Doch das Tokugawa-Shōgunat, das seit 1603 Japan beherrschte, verbot die Ausübung der fremden Religion. Vor allem der dritte Shōgun der Dynastie, Tokugawa Iemitsu, sah darin eine Bedrohung für die ursprüngliche Kultur des Landes und nicht zuletzt auch für seine Herrschaft. Auf seinen Befehl wurden japanische Christen zu Zehntausenden gefoltert und hingerichtet. Besonders im Süden des Landes, wo die meisten Christen lebten, wurden die Lebensverhältnisse unerträglich. Doch im Geheimen wuchs der Widerstand gegen die Schreckensherrschaft. In seinem Zentrum standen fünf Rōnin, die einen Aufstand planten. Als Anführer wählten sie einen 17-jährigen Jüngling, Shirō, von dem es hieß, er sei ein Gesandter des Himmels, ein neuer Messias. Ende 1637 brach der Aufstand aus und entwickelte sich rasch zu einer der größten Rebellionen, die das Reich der aufgehenden Sonne je erlebte. Zehntausende Bauern, Samurai und Rōnin kämpften, beseelt von der Kraft ihres Glaubens, gegen die Macht des Shōgunats.

Der französische Kampfkunstmeister Roland Habersetzer schildert in diesem Roman auf außerordentlich spannende und lebendige Weise sowie mit großer historischer Genauigkeit den Aufstand der Christen von Shimabara.

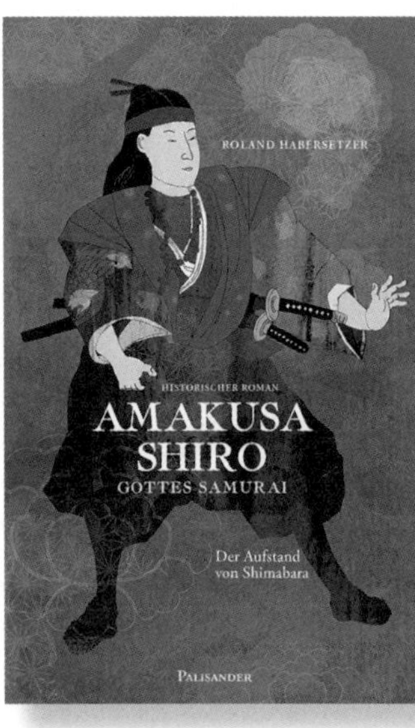

»Vor langer Zeit habe ich versprochen, dass ich eines Tages all den vergessenen Namen eines der stürmischsten Ereignisse, die das Land der aufgehenden Sonne erlebt hat, neues Leben verleihen würde …
Bewunderung und jugendliche Begeisterung haben mich dieses Versprechen geben lassen …
Das Leben hat mir endlich die Möglichkeit gewährt, es zu erfüllen.«

Roland Habersetzer

Roland Habersetzer
Amakusa Shirō – Gottes Samurai
Der Aufstand von Shimabara
Aus dem Französischen von Frank Elstner
360 Seiten, Hardcover mit Schutzumschlag
1. Auflage 2013
ISBN 978-3-938305-19-5
22,90 €

Mabuni Kenei: Leere Hand – Vom Wesen des Budō-Karate

Das Vermächtnis eines Großmeisters des Karatedō

Budō ist der Weg der traditionellen japanischen Kampfkünste. Mabuni Kenei ist diesem Weg bis heute durch nahezu acht Jahrzehnte gefolgt. Er gehört zu den letzten Meistern, die bei den Gründervätern des modernen Karatedō in die Lehre gegangen sind. Der Sohn und Erbe Mabuni Kenwas, des Gründers des Shitō ryū, ist im Lauf seines Lebens zu einem tiefen Verständnis vom Wesen des Karate als Budō-Kampfkunst gelangt. Auf lebendige, fesselnde Weise versteht er es, dem Leser dieses außerordentlich komplexe und vielschichtige Wissen nahezubringen. Dies geschieht in Form von Lebenserinnerungen, technischen Erläuterungen, historischen und philosophischen Ausführungen, Legenden und anekdotischen Begebenheiten aus dem Leben berühmter Samurai und Budōka (u. a. Meister des Schwertkampfes, des Aikidō, des Okinawa-te und des Karate).

Mabuni Kenei (1918-2015) wurde auf Okinawa, dem Ursprungsort des Karate, geboren. Als Sohn eines der bedeutendsten Karateexperten in der Geschichte der Kampfkünste lernte er in seiner Jugend viele der großen Meister des Budō kennen, so z. B. Miyagi Chōjun, Motobu Chōki, Konishi Yasuhiro, Fujita Seiko und Funakoshi Gichin. Im Alter von 34 Jahren übernahm er den Vorsitz des Shitō ryū. Er war Inhaber des 10. Dan. Noch mit über 90 Jahren hielt er regelmäßig Lehrgänge in verschiedenen Teilen der Welt ab, in denen er authentisches Karatedō vermittelte.

Dieses Werk, aus dem eine ebenso vergessene wie wertvolle Vergangenheit zu uns spricht, ist eine Einladung, dem Weg des »vollendeten Menschen« zu folgen, welcher der wahre Weg des Karatedō ist. Sōke Mabuni geht sogar über diesen Weg hinaus, indem er Verbindungen zu buddhistischer, taoistischer und konfuzianischer Spiritualität knüpft. Möge seine Botschaft gelesen und verstanden werden.

Roland Habersetzer

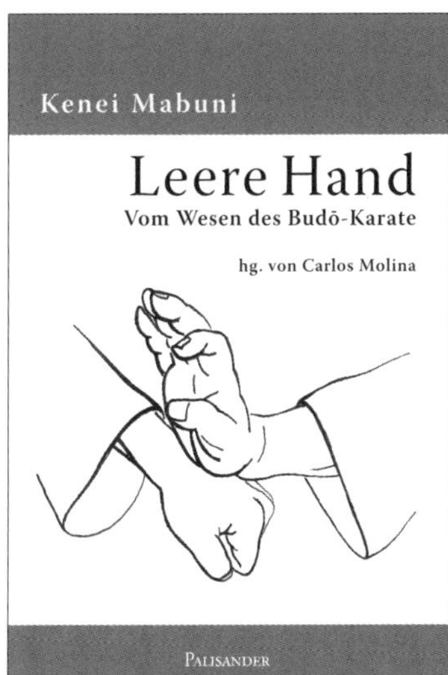

Kenei Mabuni
Leere Hand – *Vom Wesen des Budō-Karate*
Aus dem Japanischen von Bernd Winter
Herausgegeben von Carlos Molina
256 Seiten mit 100 Abbildungen
3. Auflage 2014
ISBN 978-3-938305-05-8
19,80 €

Enzyklopädie der Kampfkünste des Fernen Ostens

Das Lebenswerk eines Großmeisters des Budo

Diese Enzyklopädie ist das Ergebnis von fünf Jahrzehnten der Praxis verschiedener Kampfkünste sowie des Sammelns und der methodischen Aufarbeitung des Wissens über die traditionellen Kampfkünste, welche seit vielen Jahrhunderten in allen Ländern des Fernen Ostens praktiziert werden. Diese Arbeit hatte im Lauf der Zeit zur Entstehung von insgesamt 80 Werken über die Kampfkünste geführt.

Mit Unterstützung seiner Frau Gabrielle hat Roland Habersetzer, 9. Dan Karatedo, es vollbracht, die Quintessenz seiner Forschungen auf dem Gebiet der Kampfkünste in Form von ca. 9 400 Haupteinträgen in einem Werk von etwa 1 200 Seiten zusammenzufassen. Die Einträge beleuchten technische, historische, philosophische, religiöse, kulturelle und biographische Aspekte der Kampfkünste aus Japan, China, Korea, Indien, Malaysia, Vietnam, Kambodscha, Birma, Thailand, Indonesien und den Philippinen. Insbesondere grundlegende Konzepte und herausragende Persönlichkeiten werden mit großer Ausführlichkeit und beispielhafter Tiefgründigkeit dargestellt.

Damit stellt dieses Werk die weltweit umfangreichste und umfassendste Darstellung dieser Thematik war. Die französische Originalausgabe erschien erstmals im Jahr 2000 und wird seither von den Autoren kontinuierlich erweitert und aktualisiert.

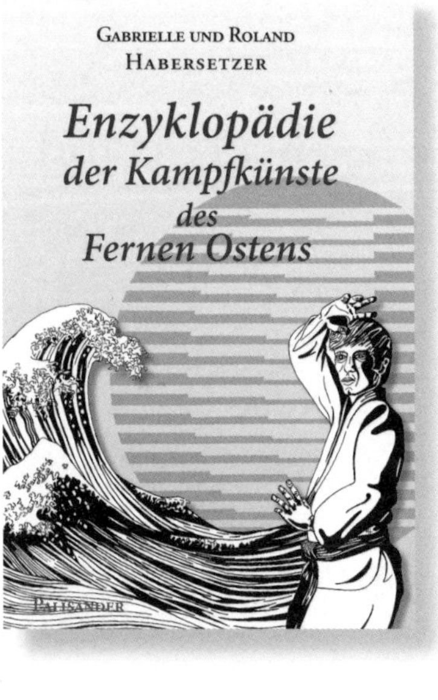

Gabrielle und Roland Habersetzer
Enzyklopädie der Kampfkünste
des Fernen Ostens
Aus dem Französischen von Frank Elstner
1 214 Seiten mit über 1 000 Abbildungen
1. Auflage 2019
ISBN 978-3-957840-29-5
69,90 €

www.palisander-verlag.de